10 piatti per conoscere
la cucina italiana

이탈리아를 이해하는 열 가지 요리

10 Sara De Wakaru Italia Ryori
©2013宮嶋勲(Isao Miyajima)
カバー・とびら写真：杉田空(Sora Sugita)
イラスト：芝晶子(Akiko Shiba)
調理・撮影協力：escale habitat
Original Japanese edition published by Nikkei Publishing Inc.
Korean translation rights arranged with Nikkei Publishing Inc.
through The English Agency (Japan) Ltd. and Duran Kim Agency

이 책의 한국어판 저작권은 The English Agency (Japan) Ltd.와 Duran Kim Agency를 통한 日本経済新聞出版社와의 독점 계약으로 BR미디어(주)에 있습니다.
저작권법에 의하여 한국 내에서 보호를 받는 저작물이므로 무단전재와 복제를 금합니다.

*10 piatti per conoscere
la cucina italiana*

이탈리아를
이해하는
열 가지
요 리

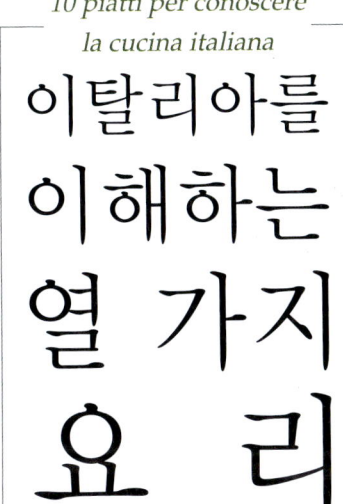

지은이 미야지마 이사오

옮긴이 김 은 조

BR미디어

지은이 머리말

나는 1983년에서 1989년까지 6년간 로마에서 살았다. 당시 이탈리아는 테러 광풍으로 황폐해져 사회가 어수선했던 '납의 시대'에서 간신히 벗어나 순조롭게 경제 성장의 물결을 타고 있었다. 1970년대에 시작된 이탈리아 와인과 이탈리아 요리의 다이나믹한 전환기에 동시대인으로서 현지에서 살았다는 사실은 내 인생에 큰 영향을 주었다.

그 후 일본에서 와인과 음식에 대해 집필하게 되었고 이탈리아에서도 2004년부터 에스프레소 사에서 만든 이탈리아 와인 가이드의 테스터를, 2005년부터 감베로 로소 사에서 만든 레스토랑 가이드의 암행조사원을 하게 되었다. 그 덕분에 이탈리아 각지를 수시로 돌면서 지방별로 와인과 음식에 대한 지식을 쌓을 수 있었다. 그러면서 이탈리아 식문화의 다양성, 겹겹으로 층을 이룬 문화, 역사의 깊이에 점점 빠져들게 되었다.

이탈리아 요리는 기본적으로 심플한 것이 많지만, 거기에는 여러 가지 이유가 있다.
　첫째, 식재료가 훌륭하다는 점이다. 온난한 기후와 태양의 혜택을 받은 나라이므로 그대로 먹기만 해도 충분히 맛있는 식재료를 쉽게 손에 넣을 수 있다.
　둘째, 심플하게 조합시키는 데 천재적인 재능을 발휘하는 이탈리아 인의 특성이다. 너저분한 장식과다의 바로크적인 것보다 심플하고 고전적인 조합이 능숙한 국민이다.

셋째, 이탈리아의 빈곤이다. 오랜 기간 국가가 분열되어 있었기 때문에 주변 대국의 지배를 받아 서민의 생활은 대단히 빈곤했다. 그래서 복잡한 요리를 발전시킬 여유가 없고 소박한 식재료를 사용한 심플한 요리를 어떻게든 맛있게 만드는 데 지혜를 모아왔다.

이탈리아는 지중해에 면한 남북으로 긴 국가로, 북으로는 알프스에서 남으로는 아프리카에 가까운 시칠리아까지 다양한 풍토가 혼재하고 있다. 오랫동안 역사, 민족, 문명이 복잡하게 섞여 왔기 때문에 그것이 이탈리아만이 가질 수 있는 다양한 매력을 만들어 내고 있다. 그래서 요리 하나를 놓고 보아도 그 배경에는 이탈리아다운 풍부한 다양성을 엿볼 수 있다.

이 책에서 고른 열 가지 요리 속에도 이탈리아의 역사, 문화, 살아온 사람의 연구와 지혜가 들어 있다. 그래서 요리에 대해 펜이 가다가도 이탈리아나 이탈리아인으로 이야기가 새는 경우가 자주 있었다.

요리는 항상 문화, 사회, 역사 등과 대비되면서 발전해왔다. 그것에서 완전히 벗어나 실험실 안에서 어느 정도 맛있는 요리를 만든다 하더라도 그것은 허구며 헛된 것이다. 사람들이 웅성거리고 즐거운 목소리가 퍼지고, 행복한 시간이 충만해 있는 식탁이라는 무대에서만이 요리가 그 생명력을 갖게 되는 것이다.

이 책에 소개된 이탈리아 요리 열 가지를 여행하면서 적어도 이탈리아의 매력을 느낄 수 있다면, 저자에게 있어 무엇보다 행복한 일이 되겠다.

지은이 　미야지마 이사오

옮긴이 머리말

이탈리아는 프랑스 요리만큼 정교하지는 않더라도 역사적으로 보았을 때 서양요리의 근간이 되는 요리다. 그리고 프랑스 요리에 가장 많은 영향을 끼치기도 하였다. 이 책에서는 오랜 역사의 이탈리아 요리 중에서도 핵심이 되는 열 가지를 꼽고 있다.

이제 서울 또는 우리나라의 미식을 이야기할 때 이탈리아 요리는 빼놓을 수 없는 장르다. 지금 젊은이들에게 파스타나 피자는 예전 세대의 짜장면만큼이나 소울 푸드다.

이탈리아는 반도라는 점과 여러 가지로 문화가 우리와 비슷하다. 이탈리아 영화를 볼 때마다 항상 생각하는 것인데, 한국 배우로 바꾸고 배경을 한국으로 해도 전혀 이질감이 없이 한국 영화로 만들 수 있지 않을까 하는 것. 그만큼 그들의 정서는 우리와 닮았다.

이탈리아는 요리도 우리와 비슷한 점이 많다. 우선 레스토랑의 요리와 가정의 요리가 차이가 없다는 것을 들 수 있다. 물론 이탈리아나 우리나라도 최근에는 세계적인 가스트로노미의 물결을 타고 새로운 콘셉트의 (때로는 아방 가르드한) 요리를 내는 때도 있지만 바탕을 이루는 음식은 가정식에 있다.

그래서인지 집에서는 만들 엄두도 못 내던 짜장면이지만, 파스타는 집에서도 손쉽게 만들어 먹는다. 짜장면을 제치고 파스타가 어린 시절의 소울 푸드 자리를 차지하게 된 이유도 여기에 있지 않을까 한다.

그러나 파스타와 피자만이 이탈리아 음식의 전부는 아니다. 본래 파스타는 메인 요리를 먹기 전에 배를 채우는 코스, 피자는 점심을 든든히 먹고나서 저녁때 배가 출출해질 때 간단히 먹는 음식이었다.

지은이는 샐러드에서 디저트까지 이탈리아 요리를 얘기할 때 빼놓을 수 없는 열 가지를 선정하여 그 역사적 문화적 배경을 함께 소개하고 있다. 간간이 곁들여진 요리에 어울리는 이탈리아 와인 소개는 덤이다.

지은이는 단순히 이탈리아 요리를 소개하는 것이 아니라 음식에 담긴 이탈리아 국민의 성향과 음식을 사랑하는 마음, 음식에 얽힌 문화 현상을 우리에게 전해준다.

이 책을 통해 이탈리아 요리에 대한 이해가 더 깊어지고, 아울러 음식을 사랑하는 이탈리아인의 마음이 우리에게도 전해져 우리나라의 미식 수준이 한층 높아지기를 바라는 마음이다.

옮긴이 김은조

목차

지은이 머리말	004
옮긴이 머리말	007
이탈리아 지도	012

첫 번째 1 요리	생 햄과 살라미	014
두 번째 2 요리	카프레제	034
세 번째 3 요리	알리오 올리오 에 페페론치노	052
네 번째 4 요리	카르보나라 스파게티	068
다섯 번째 5 요리	페스토 제노베제	086

Prosciutto e salame

Caprese

Aglio, olio e peperoncino

Spaghetti alla carbonara

Pesto genovese

여섯 번째 6 요리	리조토	104
일곱 번째 7 요리	피자	122
여덟 번째 8 요리	바냐 카우다	142
아홉 번째 9 요리	피오렌티나 스테이크	160
열 번째 10 요리	티라미수	182
이탈리아 와인을 즐기는 법		198
맺음말		200

Risotto

Pizza

Bagna cauda

Bistecca alla fiorentina

Tiramisù

Mappa d'Italia

풀리아
Puglia

라브리아
alabria

지중해
Mare Mediterraneo

첫 번째 **1** 요리

Prosciutto e salame
생 햄과 살라미

이상적인 전채 요리

이탈리아 전채요리 중 가장 인기 있는 것이라면 먼저 생 햄과 살라미[1]가 떠오른다. 슬라이스만 하면 바로 먹을 수 있는 데다가 맛도 아주 좋아서 이상적인 전채요리로서의 특징을 갖고 있다.

생 햄과 살라미류는 유럽에서는 널리 사용되고 있지만, 품질과 종류에서 이탈리아를 이길 만한 나라는 없을 것이다. 실제로 이탈리아 사람들은 생 햄, 살라미를 아주 좋아하여 온종일 기회가 될 때마다 집어 먹으면서 즐긴다.

생 햄과 살라미는 왜 농민의 필수품이었나

생 햄, 살라미류는 냉장 설비가 없던 시절에 고기를 보존할 필요에서 생겨났다. 농가에서는 마당에서 기르는 돼지가 귀중한 영양원이자 기나긴 겨울을 연명하기 위한 소중한 식량이었다. 평상시에는 돼지 먹이로 줄 음식 찌꺼기조차 거의 나오지 않을 정도로 검소한 생활을 하는 농가에서 돼지에게 대량으로 줄 수 있는 먹이는 보통 도토리 같은 숲 속의 나무 열매였다.

가을에 도토리를 듬뿍 먹여서 살찌운 돼지를 크리스마스 전에 잡아서 생 햄이나 살라미로 만들어 혹독한 겨울을 넘기는 식량으로 삼은 것이다. 가난하고 빠듯한 생활 속의 필수

1. 생 햄, 살라미 모둠. 사진처럼 커다란 접시에 호쾌하게 나오기도 한다. (왼쪽 사진)

품이었지만, 농민이 지혜를 모아 연구를 거듭하면서 현재와 같은 매력적인 먹을거리가 만들어졌다.

생 햄이나 살라미를 만드는 작업은 마을 사람들이 협력해서 진행되며 그날은 생 햄이나 살라미에 들어갈 수 없는 부위의 고기를 모아 굽거나 삶아 먹으면서 떠들썩한 잔치가 열렸다고 한다.

에르마노 올미 감독의 〈나막신 나무[2]〉에서 나오는, 유명한 돼지 잡는 장면이 나에게는 인상깊게 남아 있다. 평소에는 고기를 거의 입에 대지 못하고 채소와 잡곡을 중심으로 식사하는 농민에게 이날은 기다리고 기다렸던 축제의 날이었을 것이다. 얼마 전까지만 해도 이탈리아 시골에 가면 사람들이 모여 돼지를 키워서 겨울이 오기 전에 생 햄과 살라미를 만들면서 파티를 하고는 했다.

지금은 위생상의 문제로 미리 신청해야 하는 등 절차가 번거롭고 복잡해지는 바람에 귀찮아서 그만두는 사람이 많다. 일종의 농촌 연례행사였는데 그 전통을 잃어버리게 되는 것이 아쉽게 느껴진다.

이탈리아 어디에서나 맛있는 음식을 먹을 수 있는 비밀

생 햄과 살라미의 기본적인 공정은 고기를 염장하여 건조해서 숙성시키는 단순한 것이다. 고깃덩어리를 그대로 숙성시키는 경우(생 햄 등), 고깃덩어리를 주머니(돼지의 방광이나

---

[2] 19세기 말 이탈리아 농민의 사계절의 삶을 테마로 한 영화로 1978년 작품. 비이배우를 기용하여 롬바르디아 주 베르가모 사투리로 촬영되었다. 칸 국제영화제의 황금종려상, 세자르 상의 최우수 외국영화상을 위시하여 14개의 상을 받았다.

위장)에 넣어 숙성시키는 경우(쿨라텔로나 코파), 고기를 다져서 주머니에 넣어 숙성시키는 경우(살라미)로 크게 세 종류로 나눌 수 있다.

육질이 부드러워 작업하기 쉽고 양질의 지방이 많은 돼지를 사용하는 경우가 압도적으로 많지만, 롬바르디아 주 북부의 스위스 국경에 있는 산악지대, 네비올로[3] 와인 산지이기도 한 발텔리나[4]에서 만들어지는 브레사올라처럼 소고기를 사용하는 때도 가끔 있다.

기본적인 제조법은 단순하지만, 원료인 고기의 풍미, 소금의 가감, 향신료의 사용, 숙성 기간, 숙성시키는 환경 등에 따라 무수한 변화가 생기는 점이 재미있다. 특히 숙성 환경은 대단히 중요하다. 기온, 바다에서 불어오는 온난한 바람, 알프스나 아펜니노 산맥[5]에서 오는 차갑고 맑은 바람 등 다양한 요소가 영향을 미치게 되고, 풍미에 미묘한 뉘앙스가 생기면서 복잡하고도 우미한 것이 만들어진다.

오랜 기간 본고장 사람이 자신의 기후에 맞는 제조법을 탐구해왔으므로 이탈리아 어디에 가더라도 개성적이고 맛있는 생 햄과 살라미를 만날 수 있다. 우리 동네 맛이라고 하면서 모두가 자랑스럽게 생각하는 점이 아주 이탈리아답다.

다만, 굳이 말하자면 북부의 안개가 끼고 아주 습하고 추운 곳에서 더 좋은 물건이 만들어지는 것 같다. 살기에는 아주 쾌적한 로마나 나폴리, 시칠리아 등은 채소나 과일은 훌륭하지만, 생 햄이나 살라미에서는 북부에 한 수 접어주는 것 같다. 덥고 건조한 기후에서는 약간 말린 고기같이 되어버려 독특한 맛의 묘미가 생기기 어렵다.

---

[3] 바롤로, 바르바레스코를 만드는 고급 레드 와인 고유 포도 품종. 타닌이 강하다. 롬바르디아 주에서는 키아벤나스카라고 불리고 있다.

[4] 밀라노 북부, 스위스 국경 가까이 있는 와인 산지. 알프스의 위험한 경사의 밭에서 포도를 재배하여 힘이 강한 레드 와인이 만들어진다.

[5] 이탈리아 반도의 한가운데를 세로로 관통하고 있는 산맥. 길이는 약 1,200km. 이 산맥에 의해 이탈리아 동쪽과 서쪽의 기후가 완전히 달라진다.

유명한 파르마 생 햄의 매력

생 햄의 종류는 많지만, 에밀리아 로마냐 주에서 만들어지는 파르마[6] 생 햄과 프리울리 베네치아 줄리아 주에서 만들어지는 산 다니엘레[7]의 생 햄이 양대 산맥으로 군림하고 있다. 생산량은 압도적으로 파르마 쪽이 많으며 전 세계로 수출하고 있어 지명도도 높다.

생 햄의 매력은 '단맛'이다. 생 햄이 '달다'라는 감각은 우리에게는 그다지 친숙하지 않지만, 입속에서 녹는 듯한 섬세한 풍미의 상등품 파르마 생 햄을 먹으면 이탈리아 사람이 '달다'라고 느끼는 요소를 잘 이해할 수 있다. 파르마의 델리케이트함을 즐기려면 절대로 아주 얇게 슬라이스해야 한다.

입안에서 가랑눈처럼 녹아버리는 생 햄 같은 섬세함은 없지만 산 다니엘레는 더 미묘한 풍미의 뉘앙스가 있고 복잡한 인상을 준다.

둘 다 섬세하고 프레시한 화이트 와인(콜리 디 파르마의 마르바지아[8], 프리울리의 프리울라노나 리볼라 지알라[9])과 아주 잘 매칭된다. 이 둘은 대표적인 상등품 생 햄으로, 생 햄만 먹든가 아주 가볍게 빵과 함께 먹는 정도로 하고 이외의 것을 첨가하지 않는 편이 좋을 것이다.

---

[6] 에밀리아 로마냐 주 서부에 있는 파르마 현의 현도. 생 햄이나 치즈(파르미지아노 레지아노)를 만드는 미식의 도시로 알려져 있다. (오른쪽 사진은 파르마 생 햄) 오페라 작곡가인 주세페 베르디와 영화감독 베르나르도 베르톨루치 등 저명한 예술가도 많이 배출하고 있다.

[7] 정확하게는 산 다니엘레 델 푸리올리 마을로, 파르마와 나란히 생 햄으로 유명하다.

[8] 콜리 디 파르마는 에밀리아 로마냐에서 만들어지는 화이트 와인 이름이다. 마르바지아는 화이트 와인용 포도 품종을 말하는 것으로, 정식 명칭은 마르바지아 니 간나아 아로마티카.

[9] 마찬가지로 화이트 와인용 포도 품종.

푸짐한 생 햄 = 일본의 단무지?!

돼지고기의 지방을 푸짐하게 맛볼 수 있는 시골풍의 딱딱한 생 햄에도 무어라 말할 수 없는 매력이 있다. 중부 토스카나 주, 움브리아 주, 아브루초 주 등으로 취재를 가면 이런 타입을 먹을 기회가 많다. 이런 종류의 생 햄은 소금기가 강하고 황량한 풍미지만, (이탈리아 사람은 이를 생 햄의 '단맛'에 비교해서 '소금에 절인 맛'이라고 부른다.) 씹으면 씹을수록 맛이 배어 나온다.

이런 타입의 생 햄은 슬라이서로 얇게 썰어서는 안 되고 손으로 두껍게 커트[10]하는 쪽이 야성적인 풍미를 만끽할 수 있다. 마치 시골 할머니가 절여놓은 단무지 같은 깊은 풍미가 있다. 다만 밥 대신 빵을 곁들이는 셈이다.

이 경우는 빵도 시골풍의 딱딱한 빵이 어울린다. 우아하게 식전주와 함께 전채요리로 즐기기보다는 빵에 끼워 점심으로 먹고 싶은 풍미다. 와인도 영한 키안티[11]나 몬테풀치아노[12] 등 약간의 타닌[13]과 산미를 느낄 수 있는 레드 와인 쪽이 매치가 되는 것 같다.

생 햄 요리의 정석으로 생 햄에 멜론이나 무화과를 첨가하는 것이 유명하지만, 솔직히 나로서는 그다지 이해할 수 없다. 식욕이 감퇴하는 여름에 무언가 상큼한 것을 먹고 싶다는 생각에 인기가 있을지도 모르지만, 생 햄의 향기와 풍미가 모두 과일의 단맛에 묻혀버려 본래의 섬세함을 즐길 수가 없다.

개인적으로 양질의 생 햄은 그대로 먹는 것이 가장 좋은데, 굳이 조합을 해야 한다면 모

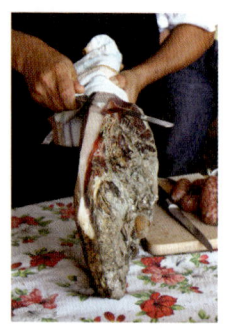

10. 생 햄을 호쾌하게 손으로 슬라이스하는 장면. 원래는 사진처럼 큰 덩어리다. (왼쪽 사진)

11. 토스카나 주에서 만들어지는 레드 와인의 이름.
12. 아브루초 주 등의 레드 와인 포도 품종.
13. 포도의 껍질이나 씨에서 얻어지는 떫은맛을 말한다.
14. 시칠리아 주의 와인 산지 이름.
15. 이탈리아에서 가장 긴 강으로, 북부 피에몬테 주, 롬바르디아 주, 에밀리아 로마냐 주, 베네토 주 등 네 개의 주에 흐른다. 알프스의 눈이 녹은 물을 담은 하천이 비옥한 대지를 만든다. 바사 파르멘세 지방은 포 강의 남안이다.

차렐라와 함께 먹는 것이 좋다. 이 경우는 프레시하고 미네랄이 넘치는 에토나[14] 로제 와인이 최고다.

환상의 생 햄, 쿨라텔로

파르마 생 햄 이상으로 최고로 꼽히지만 손에 넣기 어려워서 '환상의'라고 표현될 때가 많은 쿨라텔로는 에밀리아 로마냐 주의 포 강[15] 가까이 있는 바사 파르멘세 지방에서 만들어진다. 마을로 따지면 쿨라텔로의 성지가 된 지벨로[16], 베르디[17]의 고향 부세토 등이 이에 속한다.

쿨라텔로는 뼈를 발라낸 볼기살을 소금에 절이고 그것을 돼지 방광으로 싸서 건조, 숙성시킨 것이다. 건조한 환경에서 숙성시키는 생 햄과는 다르게 약간 습기가 많은 환경에서 숙성시킨다.[18] 햄 바깥쪽에 가늘게 곰팡이가 피어 있는데 그것이 맛에 무어라 말할 수 없는 미묘한 뉘앙스를 준다.

바사 파르멘세 지방은 포 강의 수위보다 낮아 몇 미터 앞도 보이지 않을 정도로 짙은 안개가 끼는 곳으로 유명한데, 쿨라텔로도 안개가 많은 해에 더 잘 만들어진다고 한다.

쿨라텔로는 파르마의 생 햄처럼 누구나 먹자마자 맛있다고 생각하는 명쾌한 맛과는 달리 약간 습한 느낌이 있는데 이것을 싫어하는 사람도 있다. 그렇지만 그 델리케이트한 맛은 세련의 극치로 확실하게 왕좌의 자리를 차지하고 있다.

16. 파르마에서 북서로 40km 거리에 있는 작은 마을.
17. 〈춘희〉, 〈리골레토〉, 〈아이다〉 등의 오페라로 유명한 작곡가 주세페 베르디. (오른쪽 그림)

18. 쿨라텔로를 만드는 모습. 제 4장에서 나오는 로마의 로쇼리나 프랑스의 트루아그로가 예약해둔 쿨라텔로가 숙성 중이다.
(오른쪽 사진)

쿨라텔로는 생산량이 적어 파르마 사람 대부분은 각자 쿨라텔로를 살 수 있는 신뢰할 만한 농가를 알고 있지만, 다른 사람에게는 비밀로 하고 있다고 한다.

쿨라텔로의 신비스러운 매력

또한 쿨라텔로는 먹기 전에 끈을 풀고 내용물을 곰팡이로 둘러싸인 주머니(돼지의 방광)에서 꺼내 너무 건조한 것은 화이트 와인에 적시는 등 준비에 손이 많이 간다(물론 식료품점에서는 필요한 준비를 마쳐 금방 먹을 수 있는 상태로 팔고 있기는 하지만). 이러한 의식도 쿨라텔로에 신비한 매력을 부여하고 있다. 쿨라텔로를 먹는다는 것은 특별한 기회이기 때문이다.

쿨라텔로의 산지는 베르디가 태어난 장소이기 때문에 쿨라텔로가 이 대 작곡가에게 사랑받았으리라는 것은 잘 이해하겠지만, 쿨라텔로나 파르미지아노[19]를 사러 갔던 농가의 벽에 베르디의 사진이나 초상화가 축구선수나 배우의 초상화처럼 걸려 있는 것을 보면 이 근방의 베르디 열풍은 약간 이상할 정도인 것 같다. 사후 110년 이상이나 지났는데도 아직 베르디는 아이돌인 모양이다.

[19]. 파르미지아노 레지아노 숙성 모습. (오른쪽 사진)

살라미의 맛은 장소에 따라 달라진다

돼지 어깨에서 목에 걸친 덩어리를 창자에 넣어 묶은 후 6개월 정도 숙성시킨 코파도 인기가 있다. 롬바르디아 주나 에밀리아 로마냐 주에서 코파라고 부르는데, 파르마나 피아첸차[20] 것이 유명하다.

살라미는 종류가 많고 명칭도 꽤 복잡해서 혼란스럽기도 한데, 이름이 없는 것도 많다. '베페 아저씨의 살라미' 같은 식으로 그 지역에서만 알려진 것도 터무니없이 맛있을 때가 있다.

가늘게 썬 것으로는 밀라노 살라미가 유명하고 거칠게 썬 것으로는 같은 롬바르디아 주의 바르티[21] 것이 유명하다. 숙성 기간이 짧아 아주 프레시한 것, 오래 숙성해서 건조하고 딱딱한 말린 오징어 같은 것 등 정말로 맛이 다양하다.

통틀어서 북부는 돼지의 맛을 스트레이트하게 즐기는 심플한 살라미가 많고, 남쪽으로 가면 마늘, 고추, 허브 등이 들어간 것이 많다. 칼라브리아 주, 캄파니아 주 등에서는 고추가 상당히 많이 들어간 살라미가 있는데, 돼지 본래의 맛을 즐긴다기보다는 약간 초리소[역주1] 같은 풍미다. 역시 더운 곳에서는 돼지의 맛을 그대로 남긴다는 것은 기후상 어려운 것 같다.

---

20. 에밀리아 로마냐 주의 현.
21. 롬바르디아 주 파비아 현의 마을.
역주1. 스페인 생 햄의 일종으로 고추를 넣어 매운맛이 난다.

펜넬이 들어간 살라미와 와인

와인 취재로 자주 방문하는 토스카나 주에서는 피노키오나라는, 펜넬(회향)[22]이 들어간 약간 큰 살라미를 먹는 일이 많다. 토스카나 지방에서 전채 모둠 요리를 주문하면 반드시 곁들여 나온다.

펜넬은 강한 아로마가 있어 고기가 약간 맛이 갔어도 그것을 얼버무려주기 때문에 옛날에는 대량으로 사용되었다고 하지만, 지금은 토스카나를 대표하는 맛이 되었다.

펜넬의 강한 아로마는 와인의 결점을 감춰 주기도 하기 때문에 교활한 피렌체의 와인 상인은 질이 나쁜 와인을 팔 때는 반드시 피노키오나를 올린 빵을 함께 서브하여 사는 사람의 미각을 혼란시켰다는 우스갯소리가 남아 있다.

이러한 이유로 진지한 와인 시음을 할 때는 피노키오나를 엄금하고 있는데, 식사할 때는 당연히 피노키오나를 먹으면서 와인을 즐긴다. 전통적인 스타일의 가벼운 키안티 와인이 가지는 약간 산미가 있는 풍미는 피노키오나와 아주 궁합이 좋아서 와인의 조악함은 감춰지고 산미의 아름다움을 끌어내는 느낌이 든다.

이럴 때는 와인의 결점을 논하겠다고 나서는 것보다는 장소를 가려가면서 즐기는 것이 맞다.

---

[22] 달콤한 향과 쓴맛이 특징으로 식재료의 냄새를 없애거나 요리의 향을 올리는 데 사용되는 허브.

서민파 살라미의 대표

볼로냐 소세지라고 불리는 모르타델라[23]는 쪄서 만드는 가열 살라미로, 결따라 가늘게 자른 돼지고기에 큐브형 비계를 섞어 다양한 스파이스로 맛을 낸 후 15~30시간 천천히 쪄서 만든다. 검은 후추 알갱이, 피스타치오가 여기저기 섞여 있는 경우가 많다.

모르타델라는 서민의 살라미를 대표하는 것으로, 모르타델라가 들어간 파니니[24]는 전형적인 육체 노동자의 점심이다. 아이들에게도 사랑받을 뿐 아니라 친근함이 느껴지는 풍미 역시 폭넓은 인기를 누리고 있으며 일본에서도 오므라이스만큼 사랑받고 있다.

베로나[25]에서 행해지는 국제와인견본시 비니탈리[역주2]에서 직경 50cm, 길이 1.5m 이상의 거대한 모르타델라를 진열해 놓고 그것을 슬라이스해서 파니니에 넣어 팔기도 하는데, 역시 상상할 수 없을 정도로 많이 팔린다. 어린이 라이스를 주문하는 어른같이 멋쩍기도 한 즐거운 기분이 드는 모르타델라는 정말 맛있다.

여기에는 흐릿한 발포의 붉은색, 람브르스코[26] 레드와인이 최고의 벗이다.

23. 모르타델라. 단면에 피스타치오 등의 입자가 보인다. (오른쪽 사진)
24. 여러 가지 재료를 끼운 이탈리아식 샌드위치를 말한다.
25. 베네토 주 베로나 현의 현도. 〈로미오와 줄리엣〉의 무대가 된 곳이다.
역주2. 이탈리아 최대의 와인과 음식축제. 매년 4천여 명의 와인업자가 참여하고 방문객이 15만5천 명에 이른다.
26. 에밀리아 로마냐 주에서 만들어지는 레드 와인. 미발포의 가벼운 와인이 많다.

섣달 그믐날 밤의 '새해 음식 살라미'

삶아 먹는 살라미도 대단한 전통을 가진 것들이 있는데, 코테키노와 잠포네라고 알려져 있다. 이것도 가난했던 농민의 지혜의 산물로, 지방이 많은 부위와 돼지족 등 그다지 인기가 없는 부위를 다져서 주머니에 채워 넣고 건조, 숙성한 후 먹을 때 삶는다.

코테키노는 창자에 채워 넣으며, 잠포네는 돼지족에 채워 넣는다. 젤라틴 질이 많고 진한 풍미는 역시 겨울에 어울리는 미각으로, 볼리토 미스토[27]에도 빠지지 않는다.

이탈리아에서는 섣달 그믐날 밤에 코인과 닮아 돈복을 불러준다는 렌즈콩과 함께 먹는 습관이 있다. 물론 감자 퓌레나 강낭콩과의 궁합도 좋아 폴렌타[28]도 나쁘지 않다.

크레모나[29]의 프루츠 머스타드[30]를 첨가하면 돼지 지방의 달콤함과 과일의 달콤함이 서로 만나는데, 톡 쏘는 머스타드의 입자가 절묘하게 악센트가 되어 지방음식이라고는 생각할 수 없는 퓨전스러운 풍미가 되는 것이 신기하다.

먹을 때의 '의식'도 겨울의 즐거움

코테키노나 잠보네 만큼 알려지지는 않았지만, 마찬가지로 대단한 전통을 과시하는 것이 에밀리아 로마냐 주의 페라라[31]에서 먹는 살라마 다 수고다. 이것도 기계로 간 돼지고기를 주머니(돼지 방광)에 채워넣고 끈으로 묶어 건조, 숙성시킨 것으로, 6개월에서 2년 동안 길

27. 북부 이탈리아의 향토 요리. 고기나 육가공품을 삶은 요리를 말한다. 사진은 피에몬테의 카루 마을에 있는 트라토리아 〈바셸로 도로〉에서. (오른쪽 사진)
28. 옥수수 가루에 물을 넣어 불에 익힌 북부 이탈리아 전통 음식. 이미지로는 일본의 메밀 수제비에 가깝다.
29. 롬바르디아 주 크레모나 현의 현도. 바이올린 제작 거리로도 알려져 있다.
30. 사과나 서양배 등 과일을 설탕에 재운 것에 머스타드 에센스를 더한 것으로, 본고장에서는 모스타르다라고 불린다.

게 숙성시키는 것이 특징이다.

먹을 때의 '의식'도 대단히 복잡해서 우선 냉수 속에 가득 채워 담가 놓는다. 그리고 나서 살라마를 묶고 있던 실을 풀고 전체를 무명천으로 감싼다. 이것을 뜨거운 물에 담가 약한 불로 5~7시간 천천히 삶는 것인데, 살라마는 대단히 델리케이트하여 냄비 바닥이나 가장자리에 닿으면 망가진다. 그래서 냄비 가장자리에 나무 봉을 걸쳐 놓고 거기에 살라마를 매달아 냄비 속에서 허공에 매달린 상태로 삶는다.

이렇게 해서 가까스로 만들어진 살라마는 스푼으로 건져 감자 퓌레와 함께 먹는 것이 '규칙'이다. 살라마는 풍미가 대단히 농후해서 적은 양으로도 만족감을 주는 요리다.

이즈음의 겨울은 정말로 음울하고 안개가 자욱하게 껴서 습기가 많고 아주 춥다. 이러한 '의식'은 즐거움이 별로 없는 겨울을 보내는 데 조금이나마 화려함을 주기 위함이었을 것이다.

살라미와 와인의 최고의 조합

수없이 많은 매력적인 생 햄, 살라미 중에서도 내가 특히 즐기는 것은 알토 아디제 지방[32]에 갔을 때 먹었던 스페크다. 이탈리아 북단, 오스트리아 티롤 지방의 남쪽에 있는 알토 아디제는 독일어권으로, 도로미티 산괴[33]에 둘러싸인 경치가 매우 아름다운 곳이다. 최근에는 훌륭한 품질의 맑고 찬 화이트 와인을 생산하는 것으로 유명하다.

---

31. 에밀리아 로마냐 주 페라라 현의 현도. 에스테 가문의 뿌리이며 르네상스 시대에 문화의 중심도시로 번영을 누려 유적지가 많아 유네스코 세계유산에 등재되어 있다.
32. 트렌티노 알토 아디제 주의 볼치아노 현을 말한다. 이 주에는 두 개의 현이 있는데 볼치아노 현을 〈알토 아디제 지방〉, 다른 하나인 트렌토 현을 〈트렌티노 지방〉이라고 부른다. 전자는 독일어권, 후자는 이탈리아권이다.
33. 북동부의 트렌티노 알토 아디제 주에 있는, 동 알프스 산맥의 일부.

스페크는 돼지의 뒷다리를 소금에 절여 저온 훈제하여 숙성시킨 것으로, 슬라이스 해서 날로 먹는다. 살코기와 지방의 밸런스가 좋고 상등품의 스모크 향이 식욕을 자극하여 몇 장씩 먹어치우게 된다.

스페크에 가장 잘 어울리는 와인은 피노 비안코다. 알토 아디제의 화이트 와인으로는 소비뇽 블랑[34], 샤르도네 등이 인기가 높지만, 이 지역에서 압도적으로 사랑받는 것은 피노 비안코다.

피노 비안코는 흰 꽃과 복숭아 꽃의 델리케이트한 향이 나는 섬세하기가 그지없는 와인으로, 소비뇽 블랑이나 샤르도네처럼 강렬하게 자기 주장을 하는 것이 아니라 가볍게 달라붙는 풍미가 호감을 느끼게 한다. 언뜻 보면 어른스러운 와인인데, 좋은 품질의 피노 비안코는 강한 미네랄을 깊숙이 감추고 있어서 스페크의 스모크 향과도 훌륭하게 조화를 이룬다.

화이트 피노 비안코와 나란히 이 지역에서 사랑받는 레드 와인 품종이 스키아바다. 스키아바는 붉은 과실과 체리 맛이 느껴지는 약간 심플한 와인이지만, 마시기가 아주 쉽고 가벼운 요리라면 무엇이든 매치할 수 있는 테이블 와인이다.

식사 전에 마을 사람들이 바에 모여 피노 비안코나 스키아바를 마시면서 스페크를 집어 먹는 광경은 너무나 즐거워 보여 저절로 미소짓게 한다.

나는 10년 전부터 이탈리아의 와인 가이드 북 〈에스프레소〉의 일을 하고 있는데, 와인을 평가하고 점수를 매길 때에 그러한 '와인을 즐기는 풍경'을 항상 머릿속에 간직해 두

---

[34]. 프랑스 원산의 화이트 와인용 포도 품종. 상쾌한 허브의 톤을 가진 프레시한 와인을 만드는 경우가 많다.

어야겠다고 명심하고 있다. 와인이란 역시 이론에 집착하기 위한 것이 아니라 즐기면서 인생을 풍부하게 하기 위한 것이기 때문이다.

이탈리아 요리는 식재료의 요리

이탈리아에는 생 햄이나 살라미처럼 '잘라서 접시에 담는 것'만으로 맛있는 것이 아주 많아서 이탈리아 요리는 식재료의 요리라고 말하는 경우가 많다. 손으로 행해지는 조리 기술을 과시하는 프랑스 요리와 비교하면 식재료 그 자체의 맛으로 완성되는 요리라는 의미로, 긍정적인 칭찬과 부정적인 멸시 양쪽 다 포함하고 있다.

별 세 개 레스토랑 〈달 페스카토레〉[35]에서도 살롱에 앉으면 처음에 나오는 것이 슬라이스한 쿨라테로이며 디저트 전에는 커트한 파르미지아노 레지아노가 서브된다. 양쪽 모두 믿을 수 없을 정도로 맛있지만, 생각해보면 요리가 아니라 식재료임을 발견하게 되는 것 중의 하나다. 그렇지만 이러한 최고의 식재료는 손을 가해서는 안 되는 경우가 많다.

"비싼 돈을 들인 것이니 쿨라텔로를 잘라서 담는 것만으로는 면목이 없고 몸 둘 바를 모르겠다."라고 열등감을 느끼는 가게는 가끔 쿨라텔로를 다른 식재료와 조합해서 조리한 요리를 내는 일도 있는데, 정말로 좋은 쿨라텔로는 기적처럼 조화롭고 밸런스가 잘 이루어져 있기 때문에 무언가 약간 가미되는 것만으로도 (올리브 오일을 뿌리는 것만으로도) 그 섬세한 밸런스가 깨져 버리고 만다.

---

[35]. 롬바르디아 주 만토바 현 칸네토 마을에 있는 미쉐린 별 세 개의 레스토랑, 전통적 요리를 잘한다.

이러한 탁월한 식재료는 〈달 페스카토레〉처럼 아무것도 손을 더하지 않고 그대로 즉석에서 최고의 상태로 제공하는 용기를 가질 필요가 있다.

생 햄, 살라미는 식전주(아페리티프) 대용

생 햄과 살라미에 첨가되는 경우가 많은, 오일에 절인 채소나 식초에 절인 채소 등도 이탈리아에서 자랑하는 식재료다. 올리브, 아티초크, 양파, 피망 등 종류도 풍부하며 색의 배합도 선명해서 보는 것만으로도 식욕을 자극한다.

여러 종류의 생 햄, 살라미류를 커다란 접시에 모아 담고 옆에 오일에 절인 채소를 더한 전채 요리는 기분을 신나게 해준다. 앞으로 시작되는 즐거운 식사를 향한 최고의 전주곡이다. 이탈리아의 식사는 2~3시간이나 되는데 그동안 기승전결이 있어 역시 거기에 상응하는 전주곡이 필요하기 때문이다.

이탈리아는 원래 아페리티프(식전주)를 하는 습관은 별로 없지만, 생 햄이나 살라미류를 집어먹는 시간은 어떤 의미에서는 이탈리아식 아페리티프 타임일지도 모른다. 실제로 자택으로 초대한 경우나 살롱이 있는 레스토랑은 생 햄, 살라미류를 살롱에서 조금씩 집어 먹다가 본격적인 식사에 들어가기 위한 테이블로 이동하는 패턴이 많다.

와인 취재 시에는 포도밭이나 셀러를 방문하여 와인을 10종류 정도 시음하고 연이어서 식사를 하는 경우가 많은데, 테크니컬한 시음이 끝나면 우선 생 햄이나 살라미가 나올 때가 많다. 조금 알려진 와이너리라면 시음 살롱에 놓여진 오래된 네덜란드 바켈사의 슬라이서[36]가 훈훈한 분위기를 내고 있다.

생 햄, 살라미가 나온다면 "일은 여기까지고 지금부터는 즐기는 시간입니다."라는 신호다. 취재용 녹음기의 스위치를 오프해 두고 컴퓨터를 닫고 단숨에 마음을 터놓는 시간으로 들어가는 매직 아워다. 여기서 프레시한 스파클링이나 화이트 와인이 곁들여지면 레드 와인 시음으로 지친 입을 단숨에 리프레시 해준다.

속마음의 시간이 시작되는 신호

무엇보다 중요한 것은 '긴장감을 갖고 대처하는 시간'에서 '친구와 동료로서 마음을 터놓는 시간'으로의 이행이다. 일본에서는 지방에서 가진 회의나 회합이 끝나면 흔히 "한바탕 목욕하고 리프레시한 후 19시에 연회를 시작합니다."라는 패턴을 가지는데, 그 '한바탕 목욕'에 해당하는 것이 어떤 의미에서는 아페리티프 시간이다.

"지금부터는 어깨의 힘을 빼고 즐깁시다."라는 뉘앙스가 짙게 배어 있는 것이다. 지금부터는 본론의 시간이다. 그동안의 경험으로 보면 중요한 정보, 귀중한 힌트, 내부 이야기, 공식 견해가 아닌 속마음 등 정말로 재미있는 이야기는 모두 식탁에서 나온다. 식탁을 공유하는 것이 대단히 중요한 의미가 있는 나라다.

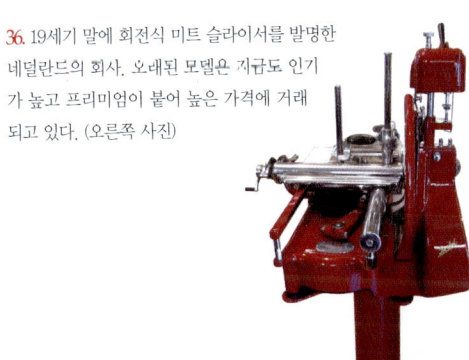

36. 19세기 말에 회전식 미트 슬라이서를 발명한 네덜란드의 회사. 오래된 모델은 지금도 인기가 높고 프리미엄이 붙어 높은 가격에 거래되고 있다. (오른쪽 사진)

이탈리아인과 빵과의 뗄 수 없는 관계

마지막으로는 재미있는 이야기인데, 이탈리아 사람은 이상하게 빵을 많이 먹는다. 배가 고픈 상태에서 처음으로 나오는 것이기는 하지만, 앗 하는 사이에 바구니에 쌓인 빵이 없어져 간다. 전채가 나오기 전에 두 번 정도 더 채워달라고 하는 경우도 적지 않다. 다이어트를 하고 있는 사람도 빵만은 참을 수 없는지 어느새 손을 뻗는다.

'이탈리아 와인의 제왕'이라고 찬사받는, 아주 유명하고 카리스마 있는 생산자 안젤로 가야[37] 씨는 자기 규율이 엄격한 사람으로, 파스타도 고기도 덜 수 있는 한 남기면서 73세가 된 지금에도 슬림한 체형을 유지하고 있다. 그 안젤로 역시 나에게 "이사오 씨는 어째서 빵에 손을 대지 않아도 괜찮은 거지. 나는 빵만은 참을 수 없던데."라고 한탄했다.

와이너리의 조리 담당 아주머니도 "이탈리아인 손님에게는 처음부터 빵을 대량으로 놓아둬요. 그렇게 해도 다시 채워줘야 합니다. 외국인 손님은 한 번 놓아두면 다 없어지지 않는 경우가 많아요."라고 말한다.

명란젓과 젓갈이 있으면 바로 흰밥이 떠오르는 것과 같은 이야기일지도 모르지만, 이탈리아인의 경우는 맹 스피드로 빵을 모조리 먹어치우고 있는 동안에도 반찬은 아직 아무것도 나오지 않았다는 사실이다. 빵만 먹어도 맛있을까 하는 생각이 들기도 하지만, 그들은 참을 수 없나 보다.

---

[37]. 와인 팬이라면 누구나 그 이름을 알고 있는 세계적으로 유명한 와인 양조 가문. 거점은 피에몬테 주의 바르바레스코 마을이지만, 토스카나 주 볼게리, 몬탈치노에서도 와인 제조를 하고 있다.

두 번째 **2** 요리

Caprese
카프레제

확실히 남부 이탈리아다운 요리

일본에서도 인기가 있는 카프레제(정식 이름은 인살라타 카프레제로, '카프리 섬[1]의 샐러드'를 의미한다)는 남부 이탈리아의 잘 익은 토마토와 캄파니아 주[2]의 특산품 모차렐라 치즈를 슬라이스해서 겹쳐 놓은 것으로, 바질리코[3]를 올려서 올리브 오일과 소금을 뿌린 요리다.

여기에 기호에 따라 오레가노를 추가하거나 후추를 뿌리기도 한다. 명확하고 신선한 향을 가진 각각의 최상의 식재료를 절묘하게 조합하여 만들어내는, 심플하면서도 질리지 않는 순수한 풍미는 확실히 이탈리아다운 음식이다.

토마토의 붉은색, 모차렐라의 흰색, 바질리코의 푸른색이라는 트리콜로레(이탈리아 국기의 삼색)도 아름답고, 식탁에 올려놓는 것만으로 나폴리의 푸른 하늘과 푸른 바다가 눈앞에 펼쳐지는 듯한 기분이 든다. 가정에서도 간단하게 만들 수 있으며 토마토나 모차렐라를 자르는 방식, 배열하는 법을 자기 나름대로 연구해보는 것도 즐겁다.

레스토랑에서 주문할 정도로 복잡한 요리는 아닐지 몰라도 남부 이탈리아의 뜨거운 여름날 점심때 나무 그늘이 드리운 테라스에서 오렌지 나무를 바라보면서 시원하게 불어오는 바람을 맞으며 먹는 카프레제는 어떤 호화로운 요리보다도 사치스럽게 여겨진다. 어려운 룰이나 이론은 차치하고 자신이 좋은 방식으로 즐길 수 있으면서 가격도 저렴한 동시에 건강한, 어디까지나 '남쪽'의 요리다.

1. 이탈리아를 대표하는 관광지 중의 하나. 나폴리 남쪽으로 30km, 티레니아 해에 떠 있는 섬.
2. 나폴리를 주도로 하는 이탈리아 남부의 주. 온난한 기후와 태양의 은혜를 받아 농산물이 풍부하다. 나폴리, 폼페이, 아말피, 카프리, 소렌토 등 관광 명소도 많다.
3. 바질이라고 부르는 허브. 이탈리아에서는 특히 향기가 강한 것이 많아 요리에 자주 사용된다. (오른쪽 사진)

모차렐라의 다양한 모양의 비밀

최근에는 손쉽게 구할 수 있게 된 모차렐라는 파스타피라타라고 부르는 이탈리아 남부 특유의 제조법으로 만들어진다. 우유를 응고시킨 커드[4]에 더운물을 부어 부드럽게 만든 후 그것을 잡아당겨 모양을 정리한다. 갓 치댄 떡이나 껌 같이 탄력이 느껴지는 촉감이 특징이다.

방울토마토같이 작은 크기에서 표준 크기, 가가미모치[역주1] 정도의 크기까지 다양한 크기가 있으며 정식으로는 크기에 따라 명칭도 바뀌고 지방이나 가게마다 부르는 법이 달라지기도 하지만, 기본적인 제조법은 같다. 세 갈래로 꼰 모습으로 정형한 것[5]도 있고 장인이 상상력을 발휘해서 여러 가지 모양에 도전하고 있다.

모차렐라의 제조공방을 방문해서 80도 가까운 열의 치즈를 물에 담가 정형하는 장인의 손가락이 새빨갛게 구워진 듯한 상태가 되어 있는 것을 보면 결코 만만한 일이 아님을 알 수 있다. 뜨거운 치즈 덩어리를 물에 넣으면서 능숙하게 손끝으로 재빨리 정형해서 다양한 모양을 만들어내는 장인의 기술은 볼 만하다.

게다가 모차렐라의 경우는 형태의 차이가 단순히 보고 즐기기 위한 것이 아니라 촉감, 맛, 숙성의 차이를 만들게 되므로 더욱 중요하다.

4. 우유에 소 위장에서 추출한 액상의 효소를 넣어 굳히고 나서 그것을 소쿠리에 얹어 물기를 뺀 것. 천연치스를 만드는 공정으로 만들어진다.
역주1. 일본에서 설에 신에게 바치는 둥근 거울 모양의 떡.
5. 세 갈래로 꼰 모습의 모차렐라. (오른쪽 사진)

치즈 공방의 아침의 평화스러운 광경

세계 어디를 가나 공통으로 치즈 공방의 아침은 이르다. 모차렐라 공방도 아침 일찍 시작된다. 오전 11시경이 되면 그날의 모차렐라가 완성되어 간다. 공방 대부분이 부지 내에 직매장을 갖추고 있기 때문에 캄파니아 주에서는 마을 사람이 시간에 맞춰 가게를 방문해 금방 만들어진 모차렐라를 사서 그 자리에서 통째로 입안에 밀어 넣는 광경을 자주 볼 수 있다.

캄파니아 주는 가난한 주로, 실업률도 높고 범죄 조직 카모라[6], 쓰레기처리 등 사회 문제가 많은 곳이지만, 이렇게 평화롭고 한가로운 광경을 보면 정말 이 주가 가난한 것일까 하는 의문이 생긴다.

이것은 시칠리아에 갔을 때도 항상 떠오르는 의문이다. 마피아 문제 등이 자주 다뤄지고 사회 정체가 심각한 이 섬도 팔레르모[7] 중심을 지나는 델라 리베르타 길에는 브랜드 숍이 늘어서 있고 지나다니는 사람도 즐거워 보여 신문에서 읽는 '남부의 비참한 현실'이라는 이미지와는 완전히 다르다.

이탈리아는 표면으로 나오지 않는 지하경제가 국가 예산 규모보다도 크다고들 하지만, 실제 공식 통계 수치만으로는 거의 실태를 파악하기 어려운 점도 있다. 겉모습과 실제 모습이 크게 다른 나라인 것이다.

---

[6]. 시칠리아의 마피아와 나란히 유명한 캄파니아 주의 범죄조직. 정재계에도 깊숙이 파고들고 있다고 한다.
[7]. 시칠리아 주의 주도.

갓 만들어진 것을 먹는 즐거움

모차렐라 이야기로 다시 돌아가자면, 많은 사람들이 "모차렐라는 신선할수록 맛있다."라고 오해를 하는데, 반드시 그렇지만은 않다. 특히 갓 만들어진 것은 맛이 안정되지 않고 우유 맛이 너무 스트레이트하게 나서 치즈로서의 완성도는 떨어진다. 갓 만들어진 것을 목표로 먹으러 오는 그 지방 사람들은 맛보다는 '갓 만들어진 것을 먹는 즐거움'을 추구하는 것이다.

일본인이 아직 펄떡펄떡 살아 움직이는 생선회를 생선 모양 그대로 접시에 장식해서 즐기는 것과 같다. 생선으로 치자면 도미나 광어는 잡고 나서 1~2일 지나야 맛이 증가한다. 활어는 쫄깃한 느낌을 즐기는 것이지만, 진짜 맛이 우러나오지는 않는다.

그럼에도 활어에는 "아직 움직이고 있는 신선한 생선을 먹고 있다."라는 설레는 느낌이 있고, 이 느낌이 "정말로 이 생선을 최고로 맛있는 최상의 상태에서 먹고 있는 것인지"보다 중요하다.

기분의 고양이라든가 즐거움은 논리적으로 분석할 수 있는 것이 아니다. 먹는 데 있어서 이러한 요소도 무시할 수 없다.

보졸레 누보[8](이탈리아어로는 비노 노벨로)의 즐거움도 와인이 정말로 맛있다기보다는 "올해 수확한 것을 곧바로 마신다."라는 기분의 고양에 요점이 있지는 아닐는지.

---

[8] 그해의 포도로 만들어진 햇술을 말한다.

선물용 토산품으로는 커다란 사이즈의 모차렐라를 고른다

방울토마토 같은 모차렐라(이 사이즈는 본래는 모차렐라와는 다른 이름이 붙어 있지만, 통일되어 있지 않기 때문에 편의상 여기서는 모차렐라라고 한다.)는 2~3시간이 되면 맛이 안정되면서 풍미가 살아난다. 주먹 크기의 것은 5~10시간 정도 지난 후가 최고다.

살레르노[9]에 사는 한 친구는 로마에서 만날 때면 항상 모차렐라를 가져와 주는데, 그날 아침에 만든 표준 크기의 모차렐라는 저녁때가 되면 항상 최고의 상태가 된다. 그보다 더 큰 것은 오히려 다음날 먹는 쪽이 맛이 좋다.

액체를 비행기 수하물로 가지고 올 수 있었던 시절에는 귀국 전날 커다란 모차렐라를 사서 돌아왔는데, 다음날 일본에 도착했을 즈음이 최고로 맛있었던 것이 그립도록 생각난다.

지금은 일본에도 신선한 모차렐라가 정기적으로 공수되어 들어오고 있는데, 될 수 있는 한 커다란 것을 고르면 본토와 같은 맛을 즐길 수 있을 것이다.

커다란 모차렐라는 하루 숙성시키면 바깥이 약간 딱딱해지고 중심 부분은 아직 부드러우면서 군데군데 작은 공동이 있고 거기에 쥬시한 우유가 담겨 있어 한입 베어 물면 입안으로 흘러넘친다. 작은 크기의 모차렐라로는 느낄 수 없는 행복한 촉감의 심포니를 즐길 수 있는 것이다.

---

9. 캄파니아 주 살레르노 현의 현도.

물소 모차렐라와 일반 소 모차렐라

모차렐라 이야기를 할 때 자주 화제가 되는 것이 사용된 우유가 물소[10](이탈리아어로는 부팔라)의 것인지, 일반 소의 것인지다.

모차렐라 산지에서는 물소 우유로 만드는 것이 당연하고 품질도 더 좋다. 일반 소 우유로도 좋은 것을 만들 수 있지만, 이탈리아 전역에 유통되고 있는 일반 소 우유의 모차렐라는 대부분 대형 치즈회사에서 만든 것이어서 맛이 떨어진다. 원인은 원료인 우유의 차이뿐만 아니라 공업적 제조법에도 있다.

가끔 모차렐라 공방에서 물소로 만든 것과 일반 소로 만든 것을 비교해서 먹어보는 일이 있는데, 물소로 만든 것이 맛에 깊이가 있다. 일반 소 모차렐라는 보다 프레시하며 가벼운 풍미로, 카프레제에는 오히려 이쪽이 좋지도 모른다.

이 둘의 차이는 와인으로 치면 어린나무의 포도로 만들어진 와인과 고목의 포도에서 만들어진 와인의 차이와 약간 비슷하다.

수령이 낮은 나무의 포도로 만들어진 부르고뉴 루주 등은 신선하고 과일 향이 있으며, 심플하지만 신선한 매력이 있다. 그에 비해 고목에서 만들어진 상위 클라스의 와인은 우미함이 깊고 여운이 길며 복잡하고 무게가 있다.

그렇다고 해서 고목에서 만들어진 상위 클라스의 와인이 항상 더 즐거움을 주는가 하면 그렇지도 않다. 가벼운 점심식사를 할 때나 더운 여름날 등은 오히려 심플한 베이스의 와

10. 물가를 좋아하는 소로, 이탈리아 남부에서 사육되고 있다. 물소 우유는 지방분도 단백질도 일반 소의 우유보다 많다. (오른쪽 사진)

인이 선호되는 듯하다.

피제리아에서도 물소 모차렐라를 사용한 피자는 일반 소 모차렐라의 피자보다 가격이 높고, 메뉴에도 분명하게 '부팔라'라고 명기되어 있다. 단, 물소보다 프레시하고 가벼운 일반 소 모차렐라 쪽이 피자에 올려 녹여 먹기에는 좋다는 생각에 굳이 이쪽을 선택하는 소비자도 많다.

계급이나 등급을 매기기보다 그 순간 정말로 자신이 맛있다고 생각하는 것을 즐기는 것이 중요하다. 이는 와인에서도 음식에서도 마찬가지일 것이다.

청결을 좋아하는 물소들

모차렐라 공방에서는 물소 사육도 같이 하는 경우가 있는데, 견학이 가능할 때도 있다. 물소는 1톤 가까이 되는 예도 있는 거대한 동물로, 물소가 죽 늘어서 있는 모습은 정말 장관이다.

물소는 의외로 온순하면서 호기심이 강하고, 모르는 사람이 가면 일제히 귀엽고 둥근 눈으로 이쪽을 바라보며 무언가 말하고 싶다는 표정을 짓는다.

사육하는 사람은 물소 각각에 이름을 붙여 두고 있는데, 마라도나(축구팀 나폴리의 황금시대의 신화적 선수)라든가 슈마허(F1 드라이버)라든가 산도칸[11] 등 어딘가 웃음을 짓게 하는 이름이 많다.

---

[11] 19세기 동남아시아, 보르네오 섬 주변을 무대로 한 에밀리오 살가리 작의 파란만장한 모험소설 시리즈의 주인공. 작은 나라의 왕자지만 일가를 학살당하고 복수를 위해 '말레이시아의 호랑이'라는 공포의 해적이 된다. 이탈리아에서는 대단히 인기 있어 여러 번 영화나 텔레비전 드라마가 되었다.

이렇게 겉보기에는 사랑스러운 물소지만, 실제로는 지독하게 시큼한 악취가 강렬해서 이것만은 약간 참기가 어렵다. 하지만 물소는 의외로 청결을 좋아한다고 한다. 그래서 샤워로 몸을 흠뻑 적셔 브러시로 문질러 주는 시설이 마련되어 있기도 하다.

캄파니아 주의 살레르노 현에 있는 반누로[12]는 근대적인 시설을 갖춘 모차렐라 공방으로, 거기서 만들어지는 모차렐라는 정말 훌륭한 맛이다. 여기서는 치즈의 제조 공정을 견학할 수 있을 뿐 아니라 숍에서 물소 젖으로 만든 요구르트나 젤라토도 즐길 수 있다. 이 역시 일반 소의 우유로 만든 것과 비교하면 약간 농후하면서 깊이가 있는 풍미다. 버터도 대단히 맛있다.

모차렐라의 2대 산지로 캄파니아 주의 살레르노 현과 카세르타 현이 패권을 다투고 있지만, 나에게는 살레르노 쪽이 우아하고 '달게' 느껴진다. 카세르타 것은 더 응축된 느낌이며 약간 '소금에 절여진' 맛 같다.

이탈리아에서 토마토의 역사는 겨우 250년

카프레제의 또 하나의 중심 식재료인 토마토는 이탈리아 요리의 상징이다. 우리가 가진 이탈리아 요리의 이미지는 나폴리를 중심으로 하는 남부 요리로, 이탈리아 요리라 하면 토마토소스를 사용한 해산물 요리를 떠올리는 사람이 많다. 바지락을 사용한 봉골레 스파게티도 본국에서는 토마토를 사용하지 않는 버전(말하자면 비안코)이 압도적으로 주류지만,

---

[12] 물소 젖으로 모차렐라를 만드는 공방.

일본인은 토마토소스를 넣은(즉 로소) 쪽을 좋아하는 것 같다.

지금이야 이탈리아 요리에 없어서는 안 될 토마토지만, 실제로는 본격적으로 요리에 사용되게 된 것은 그다지 옛날 일이 아니라 겨우 250년 정도다.

토마토는 중남미가 원산지로, 당연히 콜럼버스의 신대륙발견 전에는 유럽에 존재하지 않았다. 16세기 전반에 스페인에 토마토가 들어오는데, 처음에는 관상용으로 재배되었다. 그러다가 16세기 말에는 이탈리아에도 알려지게 되었다. 처음에는 익으면 노란색이 되는 종류였던 것 같고, 그것이 '포모도로[13] = 황금 사과'의 어원이 되었다. 익으면 빨개지는 종류가 주류가 된 것은 그 후 품종 개량이 발전하면서부터다.

처음에는 독성을 두려워해서 먹지 않았지만, 점점 그 맛이 알려지게 되고 당시 이탈리아 남부를 널리 지배하고 있던 나폴리 왕국을 중심으로 퍼져갔다. 캄파니아 주의 태양의 은혜를 받은 따뜻한 기후와 풍요로운 화산성 토양은 토마토 재배에 이상적이며 아주 맛있는 토마토를 수확할 수 있다.

캄파니아 주의 토마토는 당도, 산도, 윤기, 씹을 때의 촉감 등의 밸런스가 뛰어나다. 당도만이라면 일본의 프루트 토마토 쪽이 달지도 모르지만, 종합적인 조화와 식감에서는 캄파니아 주의 것이 한 걸음 앞서 있다.

토마토소스로 만드는 데 최고로 치는 산 마르치아노는 가늘고 긴 모양으로, 그냥 먹어도 맛있지만, 역시 소스로 그 진가를 발휘하는 것 같다. 카프레제를 만든다면 크기가 적당한, 집앞 채소밭에서 직접 키운 토마토를 사용하고 싶다.

---

[13]. 이탈리아어로 토마토를 의미한다.

토마토만이 아니라 이탈리아의 태양과 공기에는 붉은색이 잘 어울린다. 수퍼카 페라리[14]도 붉은색으로 유명하고 디자이너 발렌티노 가라바니[15]도 로소 발렌티노라고 찬사를 받는 선명한 붉은색으로 유명하다.

신대륙으로부터의 구세주, 감자와 옥수수

신대륙이 원산지면서 이제 이탈리아 요리에서 빠질 수 없는 식재료가 된 것은 토마토 이외에도 다수 있다. 고추, 피망, 주키니호박, 감자, 폴렌타의 원료인 옥수수 등이다. 고추가 없는 남부 요리, 폴렌타가 없는 북부 요리는 지금으로서는 상상할 수도 없다.

특히 감자와 옥수수는 유럽을 기아에서 구해주었다고까지 말한다.

그때까지 의지하고 있던 보리나 잡곡류는 헥타르 당 얻어지는 수확량의 칼로리가 다른 작물에 비해 적고 또 기후의 변화에 영향을 받아 경작하지 못하게 되는 경우가 많았기 때문에 유럽은 자주 기근에 시달리고 있었다.

그러다가 감자와 옥수수는 인간이 먹을 수 있는 이상의 수확량이 얻어졌기 때문에 이것을 돼지 먹이로 돌릴 수 있게 되면서 더 많은 수의 돼지를 상시 사육할 수 있게 되었고 식육 사정이 훨씬 개선되었다. 유럽이라고 하면 육식을 떠올리는 인식은 실은 그리 오래된 이야기가 아니다.

14. 이탈리아를 대표하는 고급 스포츠카. F1에도 참가하며 팀의 테마 색은 붉은색.
15. 고급 패션 브랜드 〈발렌티노〉의 창업자. 본거지는 밀라노에 있다. (오른쪽 그림)

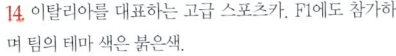

실제로는 급격히 변화하는 요리 세계

오래전이지만, 메디치 가(家) 요리[16] 취재를 위해 르네상스 당시의 요리를 재현한 적이 있다. 신대륙에서 유래된 식재료를 전혀 사용하지 않은 메디치 가 요리는 오늘날 우리가 상상할 수 있는 이탈리아 요리와는 전혀 다른 것으로, 어딘지 모르게 단조롭고 맛이 없어 보이는 느낌이었다. 특히 색채의 화려함이 빠져 있었다. 신대륙 발견이 얼마나 유럽 전체의 삶을 근본적으로 바꾸었는가를 실감함과 동시에 역사가 오래된 국가임에도 요리라는 것은 꽤 급격한 변화를 거치고 있음을 알게 되었다.

이는 와인도 마찬가지로, 우리가 역사가 길다고 생각하는 와인이 실제로는 비교적 최근에 만들어진 경우도 꽤 있다.

전형적인 예는 토스카나 주의 브루넬로 디 몬탈치노. 지금이야 이탈리아의 레드 와인을 대표하는 호칭으로, 장기 숙성하는 와인으로 전 세계에 알려진 브루넬로지만, 지금과 같은 모습의 산지오제 품종[17] 100%로 만들어지게 된 것은 실제로는 최근 30년 사이의 일이다. 비온디 산티 가[18]가 브루넬로를 탄생시키고 나서도 아직 150년 정도 밖에 경과하지 않았다. 몬탈치노도 그 이전에는 모스카델로라는 단맛의 화이트 와인 산지로밖에 알려지지 않았던 것이다.

피에몬테 주의 위대한 바롤로[19]도 쌉쌀한 맛의 장기 숙성 레드 와인으로 만들게 된 것은 19세기 후반 이후다. 그 이전에는 아주 단맛의 약발포성 와인으로 만들어졌다.

---

16. 피렌체를 지배하고 있던 메디치 가의 요리로, 거대한 부를 배경으로 하는 세련된 것이었다고 한다. 프랑스 왕에게 시집간 카테리나 데 메디치가 가지고 간 요리가 프랑스 요리의 기초가 된 것은 유명하다.
17. 이탈리아 중부의 레드 와인 고유 포도품종의 하나.
18. 토스카나 주 시에나 현 몬탈치노 마을에 있는, 명문 와이너리. 브루넬로 디 몬탈치노(레드 와인)는 상등품으로 세련된 뒷맛이 있다. 이탈리아 와인 중 최고봉의 하나. 몬탈치노 마을은 수많은 이탈리아 와인 속에서도 고급 브랜드의 레드 와인을 제조하는 곳이다.
19. '와인의 왕', '왕의 와인'이라고 불리는 훌륭한 레드 와인. 피에몬테 주 쿠네오 현 바롤로 마을 주변에서 만들어진다. 힘이 강한 중후한 맛을 즐길 수 있다.
20. 동명의 산지는 롬바르디아 주 브레샤 현의 이제오 호수 근처에 위치한다.
21. 영어 이름은 세이지. 지중해가 원산인 허브다. 특히 돼지고기 요리와 궁합이 좋다. (오른쪽 사진)

이탈리아를 대표하는, 병 내 2차 발효(메도드 클라시코)에 의한 스파클링 와인인 프란치아코르타[20]도 1961년에 탄생한 것으로, 겨우 50년의 역사다.

음식의 세계도 와인의 세계도 우리들이 상상하는 이상의 속도로 변화하고 있다.

사랑스러운 추억의 메뉴들

필자는 1983년부터 1989년까지 로마에 살았는데, 당시 로마 트라토리아[역주2]에서 자주 나오는 요리에 살팀보카 알라 로마나라는 것이 있다. 얇게 펴서 늘린 송아지 고기, 생 햄, 사루비아[21] 잎을 이쑤시개에 꽂아 그것을 버터에 볶은 후 화이트 와인을 약간 가미한 것으로 대단히 인기가 있었지만, 최근에는 잘 보이지 않는다. 마찬가지로 송아지 고기를 버터에 볶아 마르살라[22]로 맛을 낸 스카로피네 알라 마르살라도 소식이 완전히 없어졌다.

1980년대에 유행했던 파스타로는 연어크림소스의 펜네가 있었다. 보드카를 약간 가미한 버전도 있었는데 마침 버블로 붕 떠 있던 경박한 그 시대를 생각나게 하는 요리지만, 지금으로서는 '시대에 뒤처진 감'이 아주 강하다.

모차렐라를 빵에 끼워 튀긴 모차렐라 인 카로차도 옛날만큼 눈에 띄지 않는다. 이것은 전쟁 중과 전쟁 후에 인기가 있던 요리로, 비토리오 데 시카 감독의 네오 리얼리즘[23]의 걸작〈자전거 도둑[24]〉에서 주인공의 아들이 레스토랑에서 이 요리를 먹으면서 옆 자리 아이들의 호화스러운 식사를 부럽다는 듯이 바라보는 장면이 있다.

---

22. 시칠리아 섬 서부에 있는 마을 마르살라에서 만들어지는 주정 강화 와인이다. 18세기 전반에 와인을 영국으로 운반할 때 열화를 방지하기 위해서 알코올로 보강한 것이 뿌리다. 드라이안 맛, 빈 드라이한 맛, 단맛이 있고 식전주, 식후주, 조리용으로 다양한 기법에 걸쳐 즐기고 있다.

역주2 저녁때 와인을 즐기기 좋은 소규모의 식당. 고급식당은 리스토란테라고 한다.

23. 제2차 세계대전 전후 이탈리아에서 꽃피운 영화의 조류. 꿈 같은 이야기 속으로 도피하는 것이 아니라 잔혹하더라도 현실을 직시하고 개선, 진보하기 위한 메시지를 보내는 자세가 강하다. 신인배우를 기용하거나 다큐멘터리 수법을 사용하기도 하는 경우가 많다. 대표적인 작품으로 로베르토 로셀리니 감독의〈무방비도시〉,〈전화의 저편〉, 비토리오 데 시카 감독의〈구두닦이〉,〈자전거도둑〉, 루키노 비스콘티 감독의〈흔들리는 대지〉등이 있다.

24. 1948년 공개된 영화로, 자전거를 도둑맞은 주인공이 직업을 잃을 공포에서 자전거를 훔친다는 이야기. 주인공에 바짝 붙어 잔혹한 전후 이탈리아의 현실을 들여다보는 아들 브루노의 시선이 고통스럽다. 주인공과 아들은 배우가 아닌 일반인이 연기했다. 감독은 이탈리아의 비트리오 데 시카. 전쟁 전부터 배우로서도 대성공을 거둔 그는 전후에는 네오 리얼리즘의 걸작〈구두닦이〉,〈자전거도둑〉으로 감독으로서도 세계적 명성을 얻는다.〈어제, 오늘, 그리고 내일〉,〈해바라기〉등 히트 작품이 다수다.

지금도 이들 추억의 요리를 의외로 일본이나 이탈리아 국외에서 만나는 경우가 있다. 셰프가 아마 그 시대에 이탈리아에서 수업을 받고 있었던 것이 아니었을는지.

옛날 그대로의 레시피에 충실하게 만들어지는 이 요리는 어렸을 때 유행했던 곡을 우연히 듣게 되었을 때와 같은, '가슴이 먹먹해지는' 기분이 들게 해서 아주 기뻐진다.

카프레제의 '나폴리적인 추억의 깊이'

고대 로마 시대에 '캄파니아 펠릭스(행운의 캄파니아)'라고 찬양 받은 캄파니아 주는 어떤 농작물이나 아주 좋은 품질이 수확되며 감귤류나 허브는 아주 향기가 좋다. 와이너리 마당을 걷고 있으면 야생 로즈마리나 라벤더의 강렬한 향이 무럭무럭 피어올라 놀라는 경우가 있는데, 당연히 바질리코도 마찬가지다. 다섯 번째의 요리의 장에서도 나오는 제노바의 약간 작은 바질리코 쪽이 아로마는 강할지 모르지만, 캄파니아의 바질리코는 윤이 나면서 맛도 좋다.

카프레제에 사용되는 토마토, 모차렐라, 바질리코의 조합은 남부 이탈리아에서 자주 사용되는 것이다. 피자 마르게리타도 같은 조합이며 파스타로도 자주 사용된다. 물론 맛을 내는 것은 모두 올리브 오일이 해준다. 이 세 가지 이외에 케이퍼, 안초비, 블랙 올리브 등도 '남부'를 느끼게 해주는 식재료인데, 이것은 토마토소스와 함께 푸타네스카(창부풍) 소스[25]의 재료가 되고 있다.

[25]. 나폴리의 파스타 소스. 토마토, 마늘, 고추, 케이퍼, 블랙올리브, 안초비, 파슬리가 들어간 자극적인 맛이다.

요리를 먹을 때 '남부'나 '북부', '중부'가 느껴지고 지역 각각의 풍토, 풍경, 사람이 생각나는 것은 향토요리의 집합이라 할 수 있는 이탈리아 요리의 최대의 즐거움 중의 하나이다.

카프레제는 기본적으로는 전채요리 위치에 있지만, 여름 같은 때는 메인으로도 먹는다. 더워서 고기를 먹을 기분이 아닐 때는 카프레제만 잔뜩 먹고 점심을 때워도 좋을 것이다.

다른 나라에서는 가짜 모차렐라를 사용해서 만드는 카프레제 유사품 요리가 호텔 카페테리아에서 나오기도 하지만, 그 나름대로 맛있게 먹어 치운다. "이것은 이래야 해."라는 엄밀한 규칙이 없고 관용으로 여유 있는 나폴리다운, '추억이 깊은' 요리다.

카프레제란 심플함의 미학이다

카프레제는 와인과 조합하기 어려운 요리다. 식재료의 아로마가 너무 신선해서 와인이 더 할 여지를 주지 않는 것이다. 개인적으로는 로제 정도가 맞는 것 같다. 그것도 북부의 바르도리노 키아레토[26]나 가르다 호[27]의 로제가.

소믈리에 중에는 무언가 하나의 규칙처럼 요리와 와인의 매칭이라면 같은 주와 같은 지방을 고집하는 사람이 있다. "캄파니아 주의 요리에는 절대적으로 캄파니아 주의, 될 수 있으면 고유 품종의 와인"이라는 식이다.

물론 오랜 기간 동안 습관 속에 뿌리내린 아주 잘 들어맞는 매칭도 있다. 예를 들면 브라

---

[26]. 이탈리아 북동부 베네토 주 베로나 현에 있는 가루다 호수 연안의 로제 와인.
[27]. 북부에 있는 이탈리아 최대의 호수. 롬바르디아 주 브레샤 현, 베네토 주 베로나 현, 토렌티노 알토 아디제 주 토렌토 현에 걸쳐 있다. 북부 이탈리아치고는 따뜻한 기후로, 올리브 오일, 감귤류도 생산한다.

사트[28]라는 삶은 소고기 요리에는 바롤로, 비스테카 알라 피오렌티나(아홉 번째 요리 참조)에는 키안티 클라시코[29] 등이다. 다만, 일상생활 속에서까지 그런 것에 지나치게 속박될 필요가 있는지는 강한 의문이 든다.

앞에서 본 것과 같이 와인도 요리도 계속해서 급속히 변화하고 있다. 따라서 좀 더 자유롭게 모험심을 가지고 여러 가지 시도를 즐겨야 한다고 생각한다. 궁극적으로 요리와 와인의 매칭은 '입히고 벗기는 인형놀이' 같은 것이다. 여러 가지 시도해 보고 자기 마음에 드는 조합을 찾는 것이 좋다. '배운다.'보다는 '시도한다.'라는 것이 중요하며 '룰'보다는 '떠오르는 생각'에 따르는 쪽이 좋다.

이탈리아의 다른 요리들과 마찬가지로 카프레제의 근간을 지지하는 것은 심플함의 미학이다. 너무 심플해서 이런 것은 요리라고 할 수 없다고 하는 사람도 있지만, 그것은 육상 경기는 달리는 것뿐이라 스포츠라 할 수 없다고 하는 것과 같다.

심플하기 때문에 남보다 위로 올라가기 어렵고 연구와 공부에는 끝이 없다.

28. 피에몬테 요리. 고깃덩어리를 채소와 함께 레드 와인으로 마리네 해서 장시간 삶는다. (오른쪽 사진)
29. 토스카나 주의 피렌체와 시에나 사이에 펼쳐진 구릉지대(키안티 지방)에서 만들어지는 레드 와인. 일반적인 키안티보다 맛이 확실한 와인이 많다.

세 번째 3 요리

Aglio, olio e pepperoncino

알리오 올리오 에 페페론치노

일본의 '모리소바' 역주1, 페페론치노

파스타는 아마도 세계에서 가장 많이 알려진 이탈리아 요리일 것이다. 최근에는 지중해 다이어트[1]의 중심이 되는, 영양 밸런스가 좋은 식품으로도 평가받고 있다.

알리오 올리오 에 페페론치노는 파스타 중에서도 가장 심플한 요리로, 파스타 자체의 맛을 즐기는, 일본으로 말하자면 모리소바 같은 위치를 차지하는 요리다. 원래는 파스타 종류가 많아 파스타 성지로도 불리는 캄파니아 주[2]의 요리였지만, 지금은 이탈리아 어디서든 먹을 수 있다.

알리오 올리오 에 페페론치노의 최대 매력은 언제든 손쉽게 구할 수 있는 식재료로 간단히 만들 수 있다는 간편함이다. 마늘(알리오), 말린 고추(페페론치노), 올리브 오일(올리오), 파스타 건면은 가정 대부분에 상비 되어 있다. 그래서 갑자기 먹고 싶어져도 금방 만들 수 있는 편리한 요리다.

보통은 스파게티 면이 사용되지만, 나폴리에서는 약간 두꺼운 베르미첼리를 많이 사용한다. 납작한 링귀네로 만들어도 맛있다. 반면 펜네 등의 쇼트 파스타 면은 그다지 어울리지 않는다. 알리오 올리오 에 페페론치노에는 역시 롱 파스타 면이 제격이다.

역주1. 소스의 일종인 쓰유에 찍어 먹는 메밀국수. 김가루로 올리지 않는 가장 심플한 형태의 소바다.

1. 남부 이탈리아와 그리스의 전통적인 식사로, 채소, 과일, 곡물, 콩류, 어패류를 중심으로 먹으며 올리브 오일을 베이스로 한다. 평균 수명이 높은 건강한 식사로 평가받고 있다.

2. 나폴리를 주도로 하는 이탈리아 남부의 주. 온난한 기후와 태양의 은혜를 받아 농산물이 풍부하다. 나폴리, 폼페이, 아말피, 카프리, 소렌토 등 관광명소도 많다.

자기 마음대로 만들 수 있는 세미 오더의 매력

알리오 올리오 에 페페론치노를 만드는 법은 아주 간단한데, 우선 냄비에 마늘과 고추를 올리브 오일에 볶는다.

마늘은 둥근 모양으로 사용하는 사람, 얇게 썰어서 사용하는 사람, 잘게 다져서 사용하는 사람 등 선호가 다양하다. 고추도 둥글게 사용하는 사람, 2등분이나 3등분 해서 사용하는 사람, 좀 더 가늘게 채 썰어 사용하는 사람도 있다. 고추와 함께 올리브 오일에 향이 배게 한 다음 버리는 사람도 있고 남겨두는 사람도 있다.

마늘은 황금색이 될 정도로 태우게 되면 쓴맛이 나오기 때문에 안 된다고 요리책에 쓰여 있는 경우가 많지만, 일본식 데판야키의 마늘 슬라이스같이 가늘게 썰어 태우는 것을 좋아하는 사람도 있다.

어떤 것이 옳은 방법이라 할 것 없이 모두 기호의 문제다. 소바를 먹을 때 와사비, 파, 김을 사용할지 말지와 같은 이야기다.

마늘과 고추를 볶으면서 거기에 삶은 파스타 면을 풀어 넣어 섞기만 하면 된다. 파스타 면은 약간 소금기가 강할 정도로 삶아 두는 것이 맛있다. 파스타 면 삶은 물을 약간 넣어 섞는 사람도 있다. 마지막에 다진 파슬리를 조금 뿌리는 사람도 있다. 이것도 기호의 일종이다.

때로는 "나는 알리오 올리오 에 페페론치노에는 꼭 고집해야 할 것이 있는데, 마늘은 둥근 모양으로 사용해서 향만 빼내고 나서 곧 버리지. 고추는 2등분 해서 씨를 열 개 정도만 넣어. 이 매운맛의 정도가 중요한 것이야."라고 고견을 펼치는 노인네도 있지만, 젊은 여성이라면 "아저씨 짜증 나요."라고 투덜대고 싶을 것이다.

디테일에서 반드시 고집해야 할 것이 있고 그렇게 해야 더 맛있어지는 요리도 많지만, 알리오 올리오 에 페페론치노는 그러한 요리는 아닌 것 같다. 각자 원하는 대로 자유롭게 즐길 수 있다는 데 최대의 매력이 있다.

메뉴에 게재되어 있지 않은 최고의 요리

알리오 올리오 에 페페론치노가 가장 사랑받는 이유는 누가 만들어도 그다지 맛에서 차이가 나지 않는 데 있는 것 같다.

식자재도 별다른 것이 나오기 어렵다. 마늘도 고추도 물론 최상의 것에서 최저의 것까지 품질이 있고 그것이 최종적으로 알리오 올리오 에 페페론치노의 맛의 차이에 반영되겠지만, 그렇다 하더라도 생선이나 고기나 치즈 정도의 품질 차이가 나기 어렵다. 올리브 오일도 열을 가해버리면 그다지 차이가 나지 않는다.

파스타 면도 그러한데, 제랄드 디 노라[3], 라티니[4], 베네데토 카발리에리[5] 같은 고급 파스타 면이 맛이 뛰어난 것은 사실이지만, 알리오 올리오 에 페페론치노를 먹을 때는 일본에서도 친근한 데체코[6]나 바릴라[7] 정도로도 충분히 맛있는 것 같다.

---

[3]. 파스타의 성지 캄파니아 주 그라니아노에 있는 장인 정신이 강한 파스타 공방.

[4]. 마르케 주 안코나 현에 있는 파스타 공방. 고급 파스타의 선구자였다.

[5]. 장화 모양으로 된 이탈리아 반도의 뒤꿈치 부분에 있는 풀리아 주의 레체 현에 있는 고급 파스타 공방.

[6]. 이탈리아를 대표하는 대형 파스타 제조자. 1886년에 창업되었다. 아브루초 주 키에티 현에 있다.

[7]. 에밀리아 로마냐 주 파르마에 있는 대형 식품회사. 수많은 브랜드를 거느리고 있으며 파스타도 많이 제조하고 있다.

비싼 금액을 내면 그만큼 맛있는 음식과 만나겠지만, 낮은 가격으로는 변변한 것을 만나기 어려운 식재료(캐비아, 푸아그라 등)와는 달리 알리오 올리오 에 페페론치노는 대단히 민주적인 음식인 것이다.

따라서 가정에서 솜씨를 발휘하고 싶을 때 최고의 요리임은 말할 것도 없다. 배가 고플 때면 먹을 파스타의 양을 늘리기만 하면 되니 이것도 간단하다. 레스토랑이나 트라토리아에서 정식으로 주문하는 요리가 아니라 메뉴에도 게재되어 있지 않은 경우가 많지만, 부탁하면 당연히 만들어준다. 자신들도 배가 약간 고플 때나 식사 준비를 하면서 먹는 것이기도 하다.

취재나 촬영으로 이탈리아에 처음 온 일본인과 동행해서 식당에 갈 때가 많은데, "진정한 알리오 올리오 에 페페론치노를 먹고 싶다."고 말하는 사람이 많아 식당에 따로 부탁하는 경우가 있다. 그러면 기분 좋게 만들어주기는 하지만, "이런 것으로 돈을 받아도 되는지."라는 듯한 상처 입은 얼굴을 한다. 고급 일식집에서 우메보시 주먹밥을 부탁한 외국인을 보는 것 같은 느낌일는지도 모른다.

그렇지만 막상 알리오 올리오 에 페페론치노가 나오면 역시 그 냄새가 맹렬하게 식욕을 자극해 "나도 저걸 시킬 걸 그랬다."라고 생각하게 되는 요사스러울 정도의 매력이 있다. 심플하고 간단하지만, 결코 뒤떨어졌다고는 할 수 없는 것이 이 요리의 묘미다.

페페론치노가 가진 묘한 행복감

갑자기 생각나서 만들어도 누구나 그 나름대로 맛있기 때문에 알리오 올리오 에 페페론치노는 야식으로도 대활약이다. 콘서트나 연극을 본 후나 친구 집에 모여서 파티를 하다 한밤중에 배가 고파졌을 때 생각나는 단골 메뉴다.

파티에서는 제대로 된 식사가 나오는 경우도 있지만, 한입거리의 아페리티프^{역주2} 스타일인 경우가 많다. 그래서 이야기가 무르익게 되면 2차 모임으로 비레리아[8]에 몰려가 맥주를 마시기도 하는데, 서서히 탄수화물을 섭취하고 싶어지는 것은 이탈리아 사람도 마찬가지다. 심야에 라면이 먹고 싶어지는 것과 같은 이치인데, 이탈리아는 밤늦게까지 여는 집이 적다. 특히 와인 산지인 시골이라면 밤 10시를 넘기면 거리는 조용하게 변한다.

그래서 누군가 "우리 집으로 와라. 알리오 올리오 에 페페론치노를 만들어줄게."라고 제안하면 많은 박수를 받게 된다.

조용히 잠들어 있는 주변에 신경을 쓰면서 발소리를 죽여 집으로 들어가서 누가 지시한 것도 아닌데 "내가 더운물을 끓일 테니까." "나는 마늘을 썰 테니까."라는 식으로 자연스럽게 분업체제로 들어가 부리나케 알리오 올리오 에 페페론치노를 준비하는 과정은 대단히 즐겁다. 서둘러 종이 냅킨을 꺼내고 포크와 접시를 테이블 위에 늘어놓고 파스타 면이 삶아지기를 기다린다.

이럴 때는 대부분 목이 마르기 때문에 와인보다는 맥주가 제격이다. 마늘 볶는 냄새가

역주2 식전에 입맛을 돋우기 위해서 마시는 술, 또는 그와 함께 먹는 한입 크기의 음식을 말한다.
8. 이탈리아의 맥줏집

맹렬하게 식욕을 자극한다.

마늘, 고추를 볶은 프라이팬에 파스타 면을 부어 섞고 나서 팬째로 식탁으로 가져와서 각자 접시에 덜어 담는다. "내 것이 적어." "여기 좀 더 덜어줘."라든가 하는 실없는 소리로 낄낄거리면서 보내는 시간이 정말로 귀중하게 여겨진다.

이러한 장면에서는 생각지 못하게 본 마음을 꺼내버리게 되어 인간관계가 갑자기 발전하기도 하고 또는 싸움이 되어 버리기 쉽다. 그래서 영화에서 자주 이러한 장면이 사용되기도 한다. 알리오 올리오 에 페페론치노를 먹으면서 즐거웠던 그날의 일을 되새겨 본다. 배가 부른 만족감과 기분 좋은 피로감과 함께 집에 돌아가는 길에는 모두가 묘한 행복감에 싸여 있다.

이탈리아 요리 중에서도 가장 가난한 요리인 알리오 올리오 에 페페론치노는 그러한 마법을 간직한 요리다.

가보면 알 수 있는 '거리 특유의 냄새'

마늘과 고추를 올리브 오일에 볶는 것은 이탈리아 남부 요리의 기본이다. 대부분의 요리가 여기서 시작되며 그 뒤는 식자재가 더해지면서 조리법이 복잡해지기도 한다.

예를 들어 알리오 올리오 에 페페론치노에 바지락을 넣으면 봉골레 비안코가 만들어진다. 토마토를 넣으면 간단한 토마토소스 파스타가 만들어진다. 고기(닭이든 토끼든)를 넣고 약간 볶아 화이트 와인을 넣어 끓이는 조리법도 자주 사용된다.

이러한 이유로 로마나 나폴리 거리에는 마늘과 고추를 올리브 오일에 볶는 냄새가 떠돌고 있다. 특히 저녁때 주택가를 걸으면 여기저기서 그 냄새가 난다. 예전에 로마에 살던 나에게 있어 알리오 올리오 에 페페론치노의 냄새는 강한 향수를 불러 일으키는, 그리운 '거리 특유의 냄새'다.

이탈리아에는 거리 특유의 독특한 냄새가 있어 이탈리아를 여행하면 손쉽게 프루스트 체험[9]을 즐길 수 있다.

나에게 피렌체 거리의 냄새는 숯불구이와 살라미 냄새다. 피렌체 거리는 지하에 레스토랑이 있는 경우가 많아 환기구를 통해 홀에 걸려 있는 살라미나 생 햄 냄새와 고기를 구우려고 준비 중인 숯불 냄새가 길쪽으로 흘러나온다.

내가 피렌체 거리를 산책하는 것은 저녁을 먹으려고 식당으로 향해 걸을 때뿐이다. 그래서 피렌체의 이른 아침이나 점심때의 냄새는 잘 알지 못한다. 이른 아침의 시장은 명물 람프레도토[10]를 삶는 냄새가 날지도 모른다.

베네치아는 어디를 가도 어시장 냄새가 나는 것 같은 기분이 든다. 피에몬테 주의 알바[11]는 가을이면 여기저기 화이트 트러플[12] 냄새가 떠돌아다닌다. 나에게 팔레르모[13]의 냄새는 길모퉁이의 좌판에서 병아리콩가루를 정방형으로 뭉친 파넬라[14]라고 하는 간식거리를 튀기고 있는 싸구려 기름 냄새와 길거리에서 양의 내장을 구워 파는 강렬한 냄새다.

세 번째 요리   알리오 올리오 에 페페론치노

9. 냄새가 피어오르면서 과거의 기억이 선명하게 읽히는 체험. 프루스트의 〈잃어버린 시간을 찾아서〉의 주인공이 마들렌 냄새를 맡고 콩브레 마을에서 있었던 일을 단숨에 기억해내는 데서 유래한다.

10. 소의 제4위를 삶아 끓인 것. 피렌체의 전통적 서민요리로, 길가에서 파니니에 끼워 팔고 있다.

11. 피에몬테 주 남동부 쿠네오 현에 있는 마을. 대형 식품 회사 페레로가 있다. 바롤로, 바르바레스코 방문 시 거점이 되는 곳이다.

12. 트러플(송로버섯) 중에서도 특히 진귀한 것이다. 피에몬테의 특산품. (오른쪽 사진)

13. 시칠리아 주의 주도.

두 개의 파스타 문화권

지금은 이탈리아, 아니 전 세계에서 사랑받는 파스타지만, 지금 같은 모습으로 먹게 된 것은 11세기경부터라고 한다.

마르코 폴로[15]가 중국에서 가지고 돌아왔다고 하는 에피소드는 로망은 있지만 그다지 신빙성은 없다. 중동을 거쳐 시칠리아를 지배했던 이슬람교도로부터 전해졌다는 것이 정설이다. 고대 로마로부터 내려온 밀가루를 수프 등에 넣어 먹는 방법은 그 즈음에 시작되었다.

파스타 문화권은 크게 두 개로 나눌 수 있다.

이탈리아 남부는 명물인 연질 밀가루(박력분)를 사용한 파스타 건면이 주류다. 이 경우 파스타 생지에 계란을 넣지 않는다. 스파게티, 펜네 등이 이 부류에 들어간다. 이 타입은 가정에서 간단하게 만들 수 있는 것이 아니라 식당에서 먹는 경우가 많다.

이탈리아 중부에서 북부에 걸쳐서는 연질 밀가루를 사용한 수타 파스타 생면이 주류가 된다. 이때는 계란이 들어가는 경우가 많다. 에밀리아 로마냐 주[16]의 탈리아텔레[17](중부 이탈리아에서는 페투치네라고 부른다), 피에몬테의 탈리아린[18] 등이 여기에 해당되는데 이 그룹에는 만두형 파스타(라비올리, 아뇰로티[19])나 오븐에서 굽는 라자냐[20] 등의 파스타도 포함된다. 계란이 들어가는 수타 파스타 면은 가정에서 간단하게 만들 수 있어 가족이 모이는 일요일의 단골 메뉴다.

14. 병아리콩가루를 프라이한 것. 시칠리아(특히 팔레르모)의 명물이다. (아래 쪽 사진은 빵에 끼워 파니니토 민든 것)

15. 13세기 《동방견문록》을 쓴 모험가. 베네치아 공화국 출신의 상인이기도 하다.

16. 이탈리아 북부에 있는 주로, 버터나 크림을 사용한 농후한 미식으로 유명하다.

17. 계란을 넣은 수타면 탈리아텔레. 리본 모양이며 가늘고 길다. (아래 왼쪽 사진)

18. 탈리아린. (아래 오른쪽 사진)

19. 계란을 넣은 수타 파스타에 치즈나 고기, 채소를 채운 요리.

옛날에는 문화권마다 상당히 명확하게 구분되어 있었다. 스파게티 등의 경질 밀가루(강력분)와 파스타 건면 문화권은 시칠리아, 캄파니아, 라치오, 리구리아와 티레니아 해[21] 쪽에 집중되어 아랍인이 시칠리아에 전한 파스타가 티레니아 해를 지배하고 있던 제노바의 상인의 손에 의해 북상하면서 전파되고 있던 모습을 잘 알 수 있다.

계란을 넣은 수타면의 메카는 에밀리아 로마냐 주다. 탈리아텔레 알라 볼로네제(볼로냐풍 미트 소스 탈리아텔레), 토르텔리[22](안에 고기나 치즈를 넣은 만두 같은 파스타), 라자냐 등 이 주의 파스타 면은 대부분 전 세계에서 사랑받고 있다.

다양한 본고장 파스타

토스카나 주에서는 전채와 메인 디시 사이에 파스타가 아니라 수프를 먹는 것이 전통으로, 리볼리타[23](양배추와 강낭콩을 잘게 썰어 넣은, 재료가 많이 들어가는 채소 수프), 파파 알 포모도로(토마토에 빵을 넣어 푹 끓인 수프) 등의 수프가 유명하지만, 이렇다 할 파스타 요리는 없었다. 이웃에 있는 에밀리아 로마냐 주의 영향으로 계란을 넣어 만드는 수타면 문화가 점점 퍼져 나가고 있지만, 무엇보다 고기를 많이 먹기 때문에 구태여 파스타를 먹을 위장의 여유는 없었을지도 모른다.

북부의 롬바르디아 주와 베네토 주는 쌀과 폴렌타[역주3]를 많이 먹는 문화권으로, 베네토 주 명물인 비골리(두꺼운 우동 같은 파스타) 같은 예외를 제하면 그다지 유명한 파스타

20. 평평하게 늘린 수타 파스타 면, 베샤멜소스, 미트 소스를 겹겹이 올려서 오븐에 구운 것. (아래 왼쪽 사진)
21. 지중해의 해적 중 하나. 이탈리아 반도 서쪽, 코르시카 섬, 샤르데냐 섬, 시칠리아 섬을 둘러싼 범위를 지배한다.
22. 토르텔리 (아래 오른쪽 사진)

23. 리볼리타. 재료가 듬뿍 들어가 있다. (아래 사진)

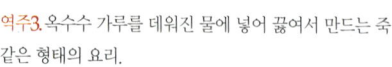

역주3. 옥수수 가루를 데워진 물에 넣어 끓여서 만드는 죽 같은 형태의 요리.

가 없다.

피에몬테 주로 가면 다시 계란을 넣은 수타면 종류가 많아진다. 계란 노른자를 아주 많이 사용하는, 탈리아리니라 불리는 가느다란 롱 파스타는 버터나 미트 소스와 잘 조화가 되며 화이트 트러플과의 궁합도 뛰어나다.

작은 링 형태의 라비올리의 일종인 아뇰로티 델 프린[24]는 세 종류의 고기(송아지, 돼지고기, 토끼고기) 로스트를 넣은 것이 정석이다. 버터와 살비아[25]로 조화를 주는 경우가 많지만, 유명한 레스토랑 〈귀도〉[26] 등에서는 아뇰로티 알 토바리올로(토바리올로는 이탈리아어로 냅킨이라는 뜻)라고 하며 스톡[27]으로 막 삶아낸 아뇰로티 델 프린을 냅킨에 싸서 그대로 손님에게 건네줘서 먹게 한다.

그 거침없는 맛을 보게 되면 "어떠냐, 우리의 아뇰리타 델 프린은 이대로도 이렇게 맛있단 말이지."라는 으스댐이 느껴진다.

중심축이 없는 이탈리아의 좋은 점과 나쁜 점

이탈리아는 통일 이후의 역사가 150년 정도 되는 나라. 통일 이전에는 작은 도시국가로 나누어져 있었기 때문에 파스타 하나만 보아도 지방마다 문화적 독자성을 강하게 갖고 있다. 이 풍부한 다양성이 이탈리아 최대의 매력인 것은 의문의 여지가 없다. 프랑스 같은 강한 중앙집권국가가 존재하지 않았기 때문에 각각의 가치관이 위계화되지 않고 병립된 상

24. 아뇰로티 델 프린. 만두 같은 모습이다. (아래 사진)

25. 영어 이름은 세이지. 지중해가 원산인 허브로 특히 돼지고기 요리와 궁합이 좋다.

26. 피에몬테 주 코스틸리오레 다스티에 있던 한 세대를 풍미했던 고급 레스토랑. 본고장 요리가 강점이다. 지금은 산토 스테파노 베르보와 세라룬가 달바 두 군데에 있다.

27. 고기, 뼈, 채소로 만드는 육수.

태로 존재하는 것이다.

단, 그것이 이탈리아를 이해할 때는 '난해함'이 되는 것도 사실이다. 와인이 그 전형적인 예다.

프랑스는 강한 중앙집권국가가 지배하는 나라였기 때문에 파리를 중심으로 위계화된 가치관의 피라미드가 오랜 기간 가능했다. 와인으로 말하자면 양대 산맥으로 부르고뉴와 보르도가 군림하고, 다음으로 샹파뉴, 알자스, 론이 계속되며 그다음 클래스로 루아르와 프로방스가 채우는 피라미드로 되어 있다.

실제 프랑스는 어느 지방에 가더라도 별 세 개 레스토랑에 가면 와인 리스트는 부르고뉴, 보르도, 샹파뉴를 중심으로 하며 지방색은 그다지 강하지 않다. 이러한 피라미드가 형성되고 있기 때문에 프랑스 와인 공부는 비교적 쉬운 편이다. 무엇이 중요하고 무엇이 중요하지 않는지를 금방 알 수 있기 때문이다.

그와는 대조적으로 이탈리아 와인의 경우는 각각의 주가 서로 경쟁하며 패권을 다투고 있다. 토스카나 주, 피에몬테 주를 양대 축이라고 하지만, 이 두 개 주의 패권은 반석에 올려진 것이 결코 아니어서 소아베[28]나 아마로네[29]를 포함한 대량산지 베네토 주도 바짝 뒤를 추격하고 있으며 고유 품종의 보고인 캄파니아 주도 개성적인 와인을 다수 생산한다.

알토 아디제 지방[30]은 맑고 깨끗한 화이트 와인으로 약진하고 있으며 프리울리 베네치아 줄리아 주는 화이트 와인의 성지임을 자랑하는 복잡한 와인을 생산하고 있다. 롬바르디아 주에서는 발텔리나[31]라고 하는 유일한 개성을 자랑하는 '산의 네비올로'가 있으며

[28]. 프레시한 화이트 와인. 가르가네가 종의 포도가 중심이다.
[29]. 그늘에 말린 포도를 사용해서 생산하는, 힘이 강한 레드 와인. 발폴리첼라 지구에서 만들어진다.
[30]. 트렌티노 알토 아디제 주 볼치아노 현을 말한다. 알프스에 가깝고 오스트리아와 국경을 접하고 있다. 주민은 독일계.

[31]. 발텔리나는 롬바르디아 주 북부의 스위스 국경에 있는 산악지대의 와인 산지다. 현지에서는 키아벤나스카라고 부르는 네비올레 품종으로 음영이 풍부한 레드 와인을 만든다. 여기서 만들어지는 레드 와인은 산악지대의 특징(과일 맛이 약하고 알코올도 낮으며 프레시하다.)이 나오고 있으므로 〈산의 네비올로〉라고 불린다.

스파클링인 프란차 코르타[32]도 급성장 중이다. 시칠리아나 바실리카타 주, 아브루초 주에서도 고유품종을 사용하여 다른 곳에서는 만들 수 없는 와인을 만들고 있다.

요약해서 말하자면, 모든 주에서 각기 개성적이고 훌륭한 와인을 만들고 있어 우열을 따지기 어렵다는 것이다. 지방마다 트라토리아에 가면 와인은 그 지방 특산품 외에는 비치하고 있지 않으며 별이 붙은 고급 레스토랑에서도 80퍼센트는 지방특산 와인이다. 이탈리아 전체에서 공유될 수 있는 위계적인 가치관이란 존재하지 않는다.

이것은 당연히 이탈리아 와인을 공부하는 사람에게 있어서는 성가신 문제다. 공부해야 할 포인트가 명확하지 않아서 하나하나 남김없이 기억할 수밖에 없다. 그래서 "이탈리아 와인은 어려워. 까다로워."라고 고민하는 경우가 많다. 확실하게 체계화하거나 차트화 해서 배우는 것이 불가능하다.

이것은 와인뿐 아니라 식문화에서도 역사에서도 마찬가지다. 이 '중심축이 존재하지 않는 상태'를 '풍요로운 카오스'로 받아들일 것인지 '무질서한 혼란'으로 받아들일지에 따라 이탈리아를 좋아하는 사람과 싫어하는 사람으로 확실하게 나누어지는 것 같다.

'풍요로운 카오스'로 받아들이는 사람은 틀에 짜맞추어지지 않는 풍부함에 매력을 느끼기 때문에 이탈리아를 아무리 다녀도 질리지 않을 것이다. 반대로 "무질서한 혼란"이라고 느끼는 사람은 언제까지도 질서를 얻지 못할 이 나라의 불안정함이 계속 신경에 거슬릴 것이다.

---

[32] 롬바르디아 주 이제오 호수의 남쪽에 펼쳐진 와인 산지. 병 내 2차 발효에 따른 스파클링 와인으로 유명하나. 밀라노 동쪽 80km에 있다.

어떤 소스에 어떤 파스타를 사용해야 하는가?

다시 파스타 이야기로 돌아가면, 상상력 풍부한 이탈리아인답게 다양한 형태의 파스타가 만들어진다. 극단적인 것으로는 차 바퀴 모양을 한 것이나 에펠탑 같은 형태를 한 것도 있다.[33] 물론 스파게티가 압도적인 위치를 점하고 있지만, 부카티니[34]도 중부 이탈리아에서의 인기가 상당히 높고 펜네나 리가토니[35] 등의 쇼트 파스타도 많이 사용된다.

"어떤 소스에는 어떤 파스타를 사용해야 하는가?"라는, 파스타 만드는 데에 대한 오타쿠적인 논의가 블로그 등에서 자주 펼쳐진다. "심플한 토마토소스에는 두꺼운 스파게티." "알리오 올리오 에 페페론치노는 베르미첼리[36]." "아마트리치아노[37]는 절대적으로 부카티니." "미트 소스라면 리가토니."라는 식으로 꽤 많은 사람이 찬성하는 조합도 있지만, 극단적인 사람은 "봉골레 비안코는 절대로 보이엘로사의 105번[38]으로, 다른 사람들이 사용하는 104번[39]은 무효다."라고 광적으로 고집을 부리기도 한다. 그렇지만, 파스타의 매력은 역시 개인이 좋을 대로 각각 자유롭게 즐길 수 있다는 점이라고 생각한다.

그것은 와인과의 매칭에서도 마찬가지인데, 총체적으로 파스타는 와인과 맞추기 어려운 경우가 많다. 피에몬테의 탈리아린이나 아뇰로티 델 프린 같이 확고한 맛을 내는 것이라면 지방 특산의 돌체토[40]나 바르베라[41]가 최고의 조합이 될 것이며 나폴리의 어패류를 넣은 토마토소스 파스타에는 피아노 디 아벨리노[42]나 그레코 디 투포[43]의 힘있는 프레시한 맛이 훌륭하게 매칭될 것이다.

33. 여러 가지 종류의 파스타. (위쪽 사진) 리본 같은 형태를 한 파르팔레. 이탈리아 어로 나비라는 의미. (아래쪽 사진) 차 바퀴 형태의 파스타.

34. 스파게티보다 두꺼운 롱 파스타로, 중심에 구멍이 뚫려 있다. 이탈리아 중부에서 자주 먹으며 무거운 소스에 어울린다.

35. 홈이 들어가 있는 쇼트 파스타. 농후한 소스가 어울린다. (오른쪽 사진)

36. 스파게티보다 조금 두꺼운 롱 파스타. 이전에는 스파게티의 총칭으로 더 넓은 의미로 사용되었다.

37. 구안치알레(돼지 볼살을 염장한 것)나 판체타(돼지의 뱃살을 염장한 것), 토마토, 페코리노 치즈를 사용한 파스

단, 주키니 스파게티에 페코리노를 곁들인다든가 시칠리아의 정어리 파스타(정어리에 건포도, 잣, 펜넬 잎을 넣은 것)가 되면 이상적인 매칭이 가능한 와인을 발견하기가 몹시 어렵다.

굳이 말하자면, 북부의 농후한 파스타는 별개로 하고, 전반적으로는 가볍고 심플한 와인 쪽이 궁합이 좋은 것 같다. 어쨌든 와인을 즐기기 위한 식사를 한다면 일반적인 파스타 요리는 피하는 쪽이 좋을 것이다.

와인 메이커스 디너[44]에 참가하면 멧돼지 라구 말타리아티[45]나 꼬리찜이 들어간 소스의 탈리아텔레 등 레드 와인에 어울리는 파스타를 만들어주는데 그것은 그것대로 대단히 맛이 좋아 감동적이다. 다만, 기본적으로 이탈리아에서는 이런 농후한 맛의 파스타는 그다지 먹지 않는다. 파스타는 너무 무겁지 않으면서 배부르게 해주는 건강한 쪽이 왕도라고 생각한다. 파스타는 심플하면서도 튀지 않게 사람의 마음을 끄는 요리인 것이다.

타 소스. 라치오 주 리에티 현의 명물로, 로마에서도 자주 먹는다.
38. 스파게티보다 약간 두꺼운 롱 파스타인 베르미첼리(직경 2.07mm). 보이엘로 사는 나폴리 현 토레 아눈치아타의 오래된 파스타 제조회사. 지금은 대형 식품기업인 바릴라 그룹에 속해 있다.
39. 고전적인 스파게티(직경 1.92mm).
40. 피에몬테의 고유 적포도 품종. 프루티하고 마시기 편하고 요리에 폭넓게 매칭되는 와인을 만든다.
41. 북부 이탈리아의 고유 적포도 품종. 과실 맛이 풍부하고 산미가 확실한 와인을 만든다.
42. 캄파니아 주 고유의 청포도 품종. 플라워리한 아로마를 가진 우미한 와인을 만든다.
43. 캄파니아 주의 고유 청포도 품종. 산미가 강하고 힘이 강한 와인을 만든다.
44. 와인 생산자의 해설을 들으면서 와인과 요리를 즐기는 디너. 주로 생산자가 오는 날짜에 맞추어 행해진다.
45. 계란이 들어가는 수타면 탈리아텔레의 생지를 불규칙하게 폭이 넓고 짧게 자른 파스타.

네 번째 **4** 요리

Spaghetti alla carbonara

카르보나라 스파게티

든든하고 양 많은 식사의 대표, 마니아도 많은 카르보나라

이탈리아의 파스타 요리 중에서도 가장 인기 있는 메뉴 중 하나가 카르보나라일 것이다. 구하기 쉬운 재료로 손쉽게 만들 수 있고 크게 실패하지 않으며, 배가 든든해지는 편리한 요리다. 카르보나라는 원래 전형적인 로마 요리지만, 지금은 이탈리아 전역에서 먹고 있다. 모두에게 사랑받는다는 의미에서는 일본 식탁의 햄버그나 카레라이스라고도 할 수 있지 않을까?

보통은 스파게티 면을 사용하지만 아브루초 주에서 사용하는 마케로니 알라 키타라[1], 스파게티보다 두꺼운 베르미첼리, 구멍이 뚫려 있는 부카티니에도 잘 맞으며 리가토니 등 쇼트 파스타도 나쁘지 않다. '든든한 식사' 스타일의 파스타 면과 궁합이 좋은 것 같다.

카르보나라는 심플한 요리지만 베리에이션이 아주 많은 것이 특징이다. 카르보나라는 강한 애착을 가지는 애호가가 많아 "이것이야말로 진짜 카르보나라."라고 서로 갑론을박하는 논쟁을 펼치고 있다.

---

[1] 기타 같은 가느다란 현을 늘어뜨린 나무로 된 기계로 만드는, 각이 선 롱 파스타. 아브루초 주의 명물.

카르보나라의 여러 가지 '학파'

카르보나라를 만드는 법을 소개하자면 우선 계란을 넣은 볼에 잘게 갈아서 부순 페코리노 로마노(양젖 치즈)를 넣어 잘 섞는다. 거기에 프라이팬에서 약간 데운 판체타[2]를 넣고 삶은 파스타를 부어 파스타의 남은 열로 소스를 데우면서 섞는 것이다. 이때 검은 후추를 듬뿍 뿌리는 것이 특징이다.

가장 많이 사용되는 것은 돼지 삼겹살을 소금에 절인 판체타인데, 돼지 볼 살을 소금에 절인 구안치알레를 사용해야 한다고 주장하는 사람이 많다. 구안치알레 쪽이 판체타보다 지방이 많고 더 농후한 맛이며 구안치알레를 넣으면 약간 '양치기풍', '로마풍'이 된다.

이것은 카르보나라와 함께 나란히 로마를 대표하는 파스타 소스인 아마트리치아나[3]의 경우도 마찬가지로, 구안치알레 파와 판체타 파가 각기 양보 없는 주장을 펼치고 있다. 다른 나라에서 많이 사용되는 베이컨은 정도가 아니므로 논의할 가치도 없다는 것이 '카르보나라 정통주의자'의 견해다.

계란을 사용하는 방법에 대해서도 복수의 '학파'가 있다. 기본은 1인 100g의 파스타에 대해 계란 흰자 노른자 포함 한 개지만, 더 농후한 맛을 위해서 노른자만을 사용하는 사람도 있다. 4인분이라면 두 개는 흰자 노른자 전부, 두 개는 노른자만으로 노른자의 비율을 높이는 사람도 있다. 개인적으로는 흰자가 약간 있는 편이 크리미하다고 생각한다.

여기서 중요한 것은, 처음에 계란과 페코리노 로마노를 잘 섞는 것이다. 치즈가 계란에

[2] 돼지 뱃살을 소금에 절인 것. (오른쪽 사진)

[3] 구안치알레나 판체타, 토마토, 페코리노 치즈를 사용한 파스타소스. 라치오 주 리에티 현의 냉물로, 로미에서도 많이 먹는다.

완전히 용해되게 섞으면 소스가 크리미해진다. 이 작업을 잘 해내면 생크림을 사용할 필요가 전혀 없다.

이탈리아 북부나 다른 나라에서는 생크림을 사용해서 마무리하는 카르보나라를 자주 보게 되는데, 그것은 이미 다른 요리다. 생크림은 절대적으로 NG라는 점에서는 모든 카르보나라 마니아의 의견이 일치한다.

사용하는 치즈에 대해서도 의견이 나뉜다. 본래는 페코리노 로마노지만, 독특한 향에다가 대단히 짠 맛 때문에 파르미지아노 치즈[4]를 대용하는 사람도 많다. 페코리노와 파르미지아노를 반씩 사용하는 사람도 많다. 단 페코리노 로마노의 샤프한 맛이야말로 카르보나라의 특징이며 카르보나라의 기원이 양치기 요리인 것으로 보아도 페코리노를 제외한다는 것은 있을 수 없는 이야기다.

파르미지아노를 약간 넣어 맛을 마일드하게 하는 것은 산과 타닌이 강한 산지오베제[5]에 외국품종을 블렌드해서 부드럽게 만드는 슈퍼 토스카나[6]처럼 허락될 수 있는 범위라고 생각한다.

[4] 이탈리아를 대표하는 하드 치즈 파르미지아노 레지아노를 말한다. 파르마 주변에서 만들어지며 치즈의 왕이라고 칭송받는다. (오른쪽 사진)

[5] 이탈리아 중부의 레드 와인 고유 포도 품종.

[6] DOC, DOCG 등의 등급 매기기(161페이지 참조)를 벗어나 생산 규칙에 얽매이지 않고 자유롭게 와인을 만듦으로써 성공한 토스카나 와인.

[7] 이탈리아 반도의 서부, 지중해에 떠 있는 섬.

[8] 토스카나 주 남부. 습지대가 많고 야생의 자연이 많이 남아 있다.

[9] 토스카나에서 만들어지는 양젖 치즈.

[10] 동시에 토스카나 주 남부 시에나 현에 위치한다. 몬테풀치아노는 르네상스 양식의 아름다운 동네. 몬탈치노는 와인의 부르넬로 디 몬탈치노로 유명해진 작은 마을.

[11] 토스카나 주 남주 시에나 현 오르치아 계곡에 있는 동네. 교황 피우스 2세에 의한 르네상스의 거리가 유명하며 유네스코세계유산으로 등록되어 있다.

'양치기의 섬' 사르데냐 섬과 '문명의 모자이크' 시칠리 섬

이야기가 조금 다른 데로 가는데, 로마노라는 것은 '로마의'라는 뜻의 형용사이므로 페코리노 로마노는 로마 근교에서 만들어진 것이 틀림없다고 하는 사람이 많다. 확실히 로마 근교에서도 극소량이 만들어지지만, 90% 이상은 사르데냐 섬[7]에서 만들고 있다. 나머지는 로마가 있는 라치오 주와 토스카나 주 해안 지대의 마렘마 지방[8]이다.

토스카나 주에서는 치즈라 하면 페코리노 토스카노[9]인데, 이것은 프레시한 것에서 장기 숙성시킨 것까지 다양한 타입이 있고, 페코리노 로마노에 비하면 아주 편안한 맛이다. 몬테풀치아노와 몬탈치노[10] 사이에 있는 피엔차[11]의 것이 유명하다.

페코리노 로마노의 생산자도 사르데냐 출신자가 많고 이탈리아에서 양젖 치즈라면 역시 사르데냐가 성지다.

사르데냐는 지중해 한가운데에 있는데도 어업이나 해양교역을 거의 발전시키지 않고 완강하게 '양치기의 섬'을 고수하는 길을 선택한 흥미로운 곳이다. 이탈리아 반도 이상으로 오래된 문명을 자랑하고 있으며 언어도 이탈리아어와는 완전히 다른 사르데냐 방언을 사용하며 독자적인 문화를 지키고 자존심 높게 폐쇄적 고립을 유지해 왔다. 이러한 분위기는 저명한 언어학자인 가비노 레다의 자서전 〈빠드레 빠드로네[12]〉와 그것을 영화화한 타비아니 형제[13]의 동명 영화에 잘 묘사되어 있다.

사르데냐 요리도 양, 산양, 돼지 등의 육류, 풍부한 채소, 독특한 파스타나 수프를 베이

73

12. 보수적인 아버지에 의해 교육의 기회를 박탈당하고 있던 사르데냐 섬의 양치기가 부모를 떠나 공부하면서 자립하는 자전적 소설. 저자인 가비노 레다 자신도 사르데냐 생이다.

13. 형 바토리오와 동생 파올로 타비아니 형제는 항상 둘이 일하는 영화감독이다. 〈빠드레 빠드로네〉, 〈로렌조의 밤〉, 〈카오스〉 등이 유명하다. (오른쪽 그림)

타비아니 형제

스로 한 농부와 양치기들의 요리로, 어패류 요리는 놀라울 정도로 적다. 명물요리라 하면 새끼 돼지 통구이나 새끼 양의 발굽을 푹 끓인 것 등으로, 명물인 닭새우는 바캉스 지역을 방문하는 이탈리아 북부 사람들이나 외국인 관광객 용인 경우가 많다.

안으로 틀어박혀 자신의 뿌리를 완고하게 지켜온 사르데냐와는 대조적으로 시칠리아는 해양무역을 활발하게 행하고 어업을 발전시켜 (참치나 정어리가 유명하다.) 그리스, 로마, 아랍, 노르만, 스페인, 프랑스 등 이 지역을 지배했던 모든 문명의 영향을 깊게 받은 '문명의 모자이크' 같은 요리를 만들게 되었다.

지중해에 떠오르는 두 개의 커다란 섬이 완전히 다른 기질을 가지고 있는 것이 아주 재미있는데, 이러한 것이 이탈리아 문화 전체에 풍부한 다양성을 만들어준다.

카르보나라 의외의 기원

다시 카르보나라 이야기로 돌아가면, 카르보나라 정통주의자를 자칭하는 사람들이 절대로 용서할 수 없는 것은 계란을 익혀버린 버전이다.

만드는 방법 편에서 서술했지만, 파스타를 삶을 때 생긴 여열로 계란을 데워 걸쭉하게 만드는 것으로, 구안찰레(또는 판체타)를 익힌 프라이팬이나 냄비에 계란과 파스타를 풀어 넣어서는 절대로 안 된다. 계란이 익어 스크램블 에그처럼 되어버리면 이미 카르보나라가 아니다. 북부 이탈리아나 다른 나라에서는 계란과 베이컨과 양파를 익힌 스파게티를

14. 이탈리아를 대표하는 희극배우. 로마 방언으로 하는 연기로 인기를 거둔다. (아래쪽 그림)

카르보나라라고 부르는 일도 있지만 논외로 하자.

카르보나라의 기원에 대해서는 여러 설이 있는데 아직 결론에 도달하고 있지는 못하다. 그러나 확실한 것은 대단히 새로운 요리라는 점이다. 카르보나라라는 명칭이 등장하는 것은 제2차 세계대전 이후다.

그러한 점에서 미국연합군 기원설이 나온다. 제2차 세계대전 중에 로마를 해방시킨 미군이 익숙하게 먹어오던 베이컨과 계란으로 파스타를 만들어 달라고 주문한 것을 로마 요리인들이 카르보나라로 발전시켰다는 설이다. 당시 미군의 지급품에 베이컨과 분말 계란이 있었던 것이 이 설을 뒷받침한다.

로마에는 옛날부터 양치기들이 먹던 카초 에 페페라고 하는 요리가 있는데, 이것은 페코리노와 후추만으로 파스타를 만드는 극단적으로 심플한 파스타다. 여기에 베이컨과 계란을 넣어 호화스러운 버전으로 만든 것이 카르보나라다. 나는 이 설이 가장 유력한 것 같다.

카르보나라는 〈3번가의 석양〉 요리

전후 이탈리아에서는 아메리칸 라이프에 대한 동경이 한껏 고조되었다. 유명한 영화 〈로마의 미국인〉(1954년)에서 이탈리아의 국민적 희극배우 알베르토 소르디[14]가 미국을 동경하여 미국인 흉내를 내는 로마인을 연기하고 있는데, 그 시절의 분위기를 잘 전달하고 있

75

15. 이탈리아의 영화감독, 무대감독. 밀라노의 명문가에서 태어나 귀족적인 작풍으로 알려진다. 대표작으로 〈흔들리는 대지〉, 〈레오파드〉, 〈여름의 폭풍〉, 〈베니스의 죽음〉 등이 있다. (오른쪽 그림)

16. 루키노 비스콘티 감독 영화작품. 이탈리아의 명 여배우 안나 마냐니가 딸을 영화에 출연시켜 스타로 만들려고 분투한다.

17. 전쟁 중, 전후 이탈리아를 대표하는 여배우. 이목구비기 뚜렷한 남부 이탈리아스러운 얼굴과 로마 사투리의 연극배우 같은 연기로 인기가 있었다. 로베르토 로셀리니, 루키노 비스콘티 작품에 출연하였다. (오른쪽 그림)

루키노 비스콘티   안나마냐니

다. 루키노 비스콘티 감독[15]의 〈벨리시마[16]〉(1951년)에도 주연 여배우 안나 마냐니[17]가 옥외에서 상영되고 있는 미국 서부극을 보면서 한숨을 쉬며 미국에 대한 동경을 표현하는 장면이 있다.

'기적의 고도성장' 이 시작되기 전, 아직 빈곤하고 굶주리던 기억이 생생했던 이탈리아에 있어 미국은 꿈의 나라이고 카르보나라가 가진 베이컨과 계란의 미국적인 호화스러움 (지금에서야 대단히 검소한 호화로움이지만)은 그만큼 충분히 밝은 내일의 도래를 예견하고 있었을는지도 모른다. 카르보나라는 일본으로 치자면 어딘가 고도성장의 정취가 있는 〈3번가의 석양[역주1]〉 같은 요리인 것이다.

내가 이 설을 지지하는 이유는 잡다한 문화를 적극적으로 동화시키고 있는 로마의 문화적 잡식성을 잘 나타내는 에피소드이기 때문이다. 이 설이 맞는다면 '카르보나라 정통주의자' 가 흠을 잡고 경멸하는 베이컨이 실은 오리지널 레시피라는 역설이 된다.

숯장이 장인이 발명했다는 설, 혁명적 비밀결사대 카르보나리[18]가 만들었다는 설, 나폴리의 이폴리토 카발칸티[19]가 요리책에 소개했다는 설 등도 있지만, 나에게는 미군 설이 조금 더 그럴듯하다.

역주1. 1950년대 도쿄의 빈곤층의 이야기를 담은 소설을 영화로 만든 것. 꿈을 가지고 있으면 누구나 어려움 속에서 즐거움을 찾을 수 있다는 내용이 주제다.
18. 19세기 전반에 이탈리아와 프랑스에서 일어났던, 반 나폴레옹 운동의 비밀결사. 급진적인 사상으로 각지에서 무장봉기를 했다.
19. 양시칠리아 왕국의 공작. 1837년 나폴리 요리를 종합한 요리책을 출판했다.

맛을 위한 '적절한 균형점'이란

로마에서는 기본적으로 어디에서나 맛있는 카르보나라를 먹을 수 있지만, 그중에서도 유명한 것이 식품점 겸 트라토리아인 〈로시올리〉[20]의 카르보나라다. 이탈리아의 신문, 잡지의 카르보나라 베스트 10에는 반드시 들어가 있는 명품이다.

마르케 주 몬테 코네로[21]의 구안치알레, 파올로 파리지[22]의 농후한 계란, 말레이시아의 사라와크 산 후추[23], 아브루초의 두터운 스파게티 등 엄선된 식재료를 사용한 카르보나라는 확실히 뛰어나지만, 개인적으로 아무래도 좋아할 수 없는데, 파스타 삶는 법이 지나치게 알 덴테[역주2]여서 밀가루의 단맛을 느낄 수 없기 때문이다.

15년 정도 전, 이탈리아에서도 일본에서도 이런 식으로 "알 덴테를 고집할 것을 선언"이라도 하는 것처럼 이상하게 딱딱한 파스타를 서브하는 가게가 늘어나기 시작했다. 지나치게 삶은 파스타는 논외로 하더라도 딱딱할수록 좋은 것도 아니다. 요리에서도 와인에서도 가장 중요한 것은 밸런스로, 전체가 가장 잘 맞아떨어지는 균형점이라는 것이 있다.

"알 덴테를 고집할 것을 선언"하는 듯한 덜 익은 파스타를 만나면 생각나는 것은 1980~90년대에 유행했던 추출 과다의 토스카나 와인이다. 1970년대의 색이 옅고 신맛이 강하고 과실이 적은 산지오베제에 대한 반동으로 달콤한 과실과 농후하고 응축된 와인을 추구하면서 반대쪽으로 지나치게 달려버리는 바람에 이탈리아 와인 본래의 장점을 잃어버린 예다.

---

20. 로마 중심부에 있는 고급식품점. 안에서 요리를 먹을 수도 있다.
21. 마르케 주의 주도 안코나의 남쪽 아드리아 해에 돌출된 반도에 있는 해발 572m의 산.
22. 친타 세네제 종의 돼지 사육으로 유명한 토스카나 주의 농가지만, 리보르노 종(역주: 레그혼 종이라고도 한다.) 닭의 계란으로도 유명하다.
23. 향과 풍미가 강한 말레이시아산 후추.

역주2. 이탈리아어로 '이빨에'라는 뜻으로, 파스타 면 가운데 약간 따끈한 심이 남아 있을 정도로 삶는 것을 말한다.

와인의 농후함이나 파스타의 딱딱함은 누구나 구분할 수 있으므로 딱딱하게 만들어 감탄시키는 것은 쉽지만, 적절한 균형점이라는 것은 의외로 사람들에게 이해시키기 어렵다. 본래 맛이란 알아주는 사람만 알면 되는 조심스러운 것이다. 무엇이든 과다해지면 저급한 인상을 준다.

정답이냐 아니냐? 카르보나라에 맞는 와인

카르보나라에 어울리는 와인이라 하면 프루티한 로제나 풀 바디의 화이트 와인(샤르도네 등)을 들 수 있는데, 최근 라치오 주에서 약진하고 있는 스파이시한 레드 와인, 체자네제[24] 도 좋을 것 같다.

로마의 트라토리아에서는 대부분 화이트를 하우스 와인으로 마실 수 있다. 그것도 병입된 것이 아니라 1/4리터나 1/2리터를 주문하면 커다란 탱크의 수도꼭지 같은 데서 유리 용기에 따라 가져다준다. 대부분 산미가 적고 약간 밍밍한 맛의 카스텔리 로마니[25] 지역의 화이트 와인으로, 이것이 왠지 묘하게 카르보나라와 매치되는 것이다.

요리와 와인의 매칭에 관해서는 다양한 논의가 있다. 요리가 가지는 뉘앙스와 와인의 일치(요리에 사용된 사르비아나 타임이 약간 푸르스름한 소비뇽 블랑[26]에 매치된다), 요리와 와인의 상호작용(브라사토[27]의 진한 맛이 네비올로[28]의 복잡함을 이끌어내 네비올로의 타닌과 산미가 브라사토의 지방을 깨끗하게 씻어주어 입속을 리프레시해준다.) 등 테크니

---

24. 이탈리아 중부 라치오 주의 레드 와인 고유 품종. 스파이시하고 프레시한 와인을 만든다.
25. 로마의 남동쪽, 알바니의 구릉지대에 있는, 14개 동네의 총칭. 화이트 와인의 생산으로 유명하다.
26. 프랑스 원산인 화이트 와인용 포도 품종. 상쾌한 허브의 톤을 가진 프레시한 와인을 많이 만든다.
27. 피에몬테 요리. 고깃덩어리를 채소와 함께 레드 와인으로 마리네 해서 장시간 삶는다.
28. 바롤로, 바르바레스코를 만드는 고급 레드 와인 고유 포도 품종. 타닌이 강한 것이 특징이다.

컬한 매칭도 대단히 중요하지만, "오랫동안 그렇게 해왔다." "왠지 모르게 익숙해져 있다." "특별히 생각한 적이 없지만, 왠지 모르게 딱 들어맞는다."라는 식의 얼핏 보면 비과학적인 요소도 실은 중요하다고 생각한다.

인간은 언제나 이치에 맞는 일을 해야 즐거운 것은 아니다. 옳은 일을 하면 행복한 것도 아니다. 카르보나라와 밍밍한 맛의 화이트 와인의 조합도 지방이 가득한 보리토 미스트[29]와 가벼운 람부르스코[30]의 조합도, 그다지 숙성시키지 않은 페코리노 토스카노와 중후한 브루넬로[31]의 조합도, 모두 이론상으로는 틀린 매칭이다. 그러나 오랜 시간 그렇게 해왔고 묘하게 잘 어울리며 식탁에서 즐거움과 만족감을 준다면 그것도 그 나름대로 좋다.

와인도 요리도 가장 중요한 것은 즐거움이다. 정답이냐 아니냐를 논하는 것보다 답이 맞지 않아도 행복하게 해주는 편이 역시 현명하다고 생각한다.

어딘지 '유럽' 스럽지 않은 로마 요리

카르보나라는 낮에 테라스에서 로마의 햇빛을 받으며 즐기는 것이 잘 어울리는 요리로, 거드름을 피우는 화려한 가게에서 먹으면 온전히 맛있게 느껴지지 않는다. 중부에서 남부 이탈리아에 걸친 곳에서는 이처럼 테라스에서 먹는 쪽이 맛있게 느껴지는 요리가 많다. 포르게타(허브를 묶어서 통째로 구운 돼지고기)도 전형적으로 그런 요리다.

이쪽 남부 이탈리아 근방은 역시 어딘가 유럽이 아닌 것 같은 느낌이 든다. 북부 이탈리

---

[29]. 북부 이탈리아의 향토요리. 고기나 고기 가공품을 삶은 것을 말한다.
[30]. 에밀리아 로마냐 주에서 만들어지는 레드 와인. 미발포의 약한 와인인 경우가 많다.
[31]. 토스카나 주 시에나 현 몬탈치노 마을 주변에서 만들어지는 힘이 강한 레드 와인.

아 사람은 "로마로부터 남쪽은 아프리카"라고 야유하는 경우도 있는데, 음식에 관해서도 확실히 그러한 면이 있다.

실제로 로마 남쪽 사람은 테라스에서 자유롭게 식사하는 것을 즐긴다. 많은 레스토랑이 보도까지 불거져 나올 정도로 좁은 곳에 테이블을 만들어 놓고 있는데, 자리는 그쪽부터 차기 시작한다. 테라스 자리라고 해봤자 레스토랑 앞 보도에 두 개 정도 작은 테이블을 나란히 놓는 것뿐으로, 보행자나 차가 옆을 지나다니는 자리라도 차분히 가라앉은 실내보다 바깥쪽 테이블을 좋아하는 손님이 많은 것이 이상하다.

로마 요리는 대단히 소박하고 심플하며 맛이 뚜렷한 것이 많고 전반적으로 소금이 강하다. 세련과는 거리가 멀다고 할 수 있는데, 소재의 맛을 스트레이트하게 낸 요리는 물리지 않는 맛이 있다.

피에몬테 요리[32]에서 볼 수 있는 정중함은 전혀 없고 대범한 부분이 제법 많은 요리다. 레스토랑 가이드에서 채점하면 아무래도 점수는 낮게 나오지만, 모두들 왁자지껄하게 떠들면서 먹는 아주 즐거운 요리가 많다. 카르보나라도 아마트리치아나도 몇 가지 심플한 식재료를 조합하기만 한 것으로, 조리 시간도 거의 걸리지 않는다.

새끼 양 갈빗살을 숯불에 구웠을 뿐인 명물 아바키오 알라 스코타디토[33]도 단순하지만, 격조 있는 요리 중 하나다. 로마 요리의 중요한 부분을 점하는 내장 요리의 대표인 리가토니 콘 라 파이아타는 젖먹이 새끼 양의 곱창(송아지 곱창도 사용되지만, 새끼 양 쪽이 로마답다.)에 토마토를 삶아 만든 소스를 조화시킨 쇼트 파스타다. 크리미함, 희미한 새콤함,

---

[32] 토스카나 주 시에나 현 몬탈치노 마을 주변에서 만들어지는 힘이 강한 레드 와인.
[33] 스코타디토는 "손가락이 불탄다."라는 의미로, 뜨거운 뼈를 손가락으로 들고 빨아먹는다는 데서 나왔다.

농후함이 조화된 개성적인 맛이다. 소꼬리를 푹 삶은 코다 알라 바치나라는 중량감 넘치는 맛이다.

모두 섬세하지도 고급스럽지도 않지만, 깔끔한 맛이어서 때로는 맹렬하게 끌어당기는 매력이 있다.

로마의 트라토리아를 지키는, 옛날 그대로의 '요일 요리'

국제적인 관광도시로 수많은 나라에서 관광객이 방문하는 데도 로마의 트라토리아는 의외로 전통적인 데가 있어 옛날 그대로의 '요일 요리'를 지키고 있는 곳이 지금도 있다.

목요일은 뇨키[역주3], 금요일은 생선(트라토리아에서는 신선한 생선은 너무 고가여서 대부분 염장하거나 말린 생선을 사용한다.), 토요일은 트라파[역주4], 일요일은 라자냐[34]다. 금요일은 그리스도 신자의 속죄의 날로, 예전에는 고기를 먹는 것이 금지되었기 때문에 이 날의 요리가 생선인 것은 자연스럽다.

크리스마스 때도 마찬가지인데, 크리스마스 이브 저녁은 고기를 피하고 뱀장어 등 생선 중심으로 메뉴를 먹는다. 그 대신 12월 25일의 점심은 거세한 닭 등 호화로운 고기 요리가 나온다. 목요일의 뇨키는 금요일에 고기를 먹을 수 없는 만큼 든든하게 먹어 두려고 나왔다고 하는데 정말로 그런지는 알 수 없다.

토요일은 귀족이나 부자의 주말 식사 준비로 소를 잡고 남은 부산물인 트라파를 먹었다

[역주3]. 감자를 삶아 으깬 후 계란, 치즈가루, 버터 등을 넣어 만든 수제비 같은 요리.
[역주4]. 이탈리아식 내장 요리
34. 넓적하게 민 수타 파스타. 베샤멜소스, 미트 소스를 겹쳐서 오븐에 구운 것.

고 한다. 일요일은 점심에 대가족이 모이는 관습이 있었기 때문에 대량으로 만들어야 맛있는 라자냐 등 오븐 구이 파스타를 만드는 것이 이치에 맞을 것이다.

단, 시작이 엄밀하게 어떠했다고 따지기보다는 그것을 지키면서 살아간다는 원칙, '오랜 기다람'이 생활에 다양한 색채를 부여해주는 것 같다. 월요일부터 수요일까지도 예전에는 무언가 정해진 요리가 있었겠지만, 지금은 설만 있을 뿐 확실한 것은 알 수 없다.

트라토리아는 '친구의 집'

로마에서 재미있는 점은 음식점에 기본적으로 서비스라는 개념이 전혀 뿌리내려 있지 않다는 것이다. 특히 변화가의 트라토리아에서는 기본적으로 손님과 가게 측의 관계는 '친한 친구'라는 허물없는 느낌이 드는 가게가 많다.

그것은 그 나름대로 즐겁지만 미리 마음의 준비를 하지 않으면 따끔한 맛을 보게 된다. "서비스하는 사람은 그것이 일이니 프로에 걸맞게 일해주세요."라는 국제적 상식에 사로잡혀서는 화만 날 뿐이다.

오히려 친구 집에 폐를 끼치러 갔다고 생각하는 쪽이 부드럽게 넘어갈 수 있을 것이다. 곱창 요리로 유명한 테스타치오[35]의 〈페리나체〉[36]의 주인은 마음에 들지 않는 손님은 가게에 들이지 않는 것으로 유명한데, 그것도 레스토랑을 자신의 집이라고 생각하고 있기 때문이라 생각하면 납득이 된다. 누가 마음에 들지 않는 사람을 자신의 집에 초대하겠는가?

---

[35]. 로마의 도심 지구. 서민적인 곳.
[36]. 테스타치오 지구에 있는 명물 트라토리아.

로마 정도는 아니더라도 이탈리아 레스토랑 전체에 이러한 사고방식이 뿌리 깊이 박혀 있고, 기본적으로 레스토랑은 요리와 서비스를 제공하고 대가를 받는 장소가 아니라 요리 잘하는 부인이 요리를 만들고 남편이 친구에게 자기 집을 개방해서 초대하는 장소라는 느낌이 강하다. 그래서 가게 쪽에서도 대가에 맞추어 서비스한다는 개념이 없으며 손님 측에서도 그다지 서비스를 누리려는 자세가 없다. 좋게 말하자면 가게 측과 손님 측의 경계선이 없고 격의 없는 관계인 것이다.

이러한 가족 경영의 트라토리아적인 사고방식은 〈달 페스카토레〉[37] 〈레 칼란드레〉[38] 〈에노테카 핀키오리〉[39] 등의 별 세 개 레스토랑에서도 짙게 남아 있어 어떤 의미에서는 이탈리아 레스토랑의 매력이기도 하다. 이탈리아인은 프랑스의 그랑 메종[역주5] 같은 프로페셔널한 서비스에 서툴다.

홀 지배인을 두고 그러한 서비스를 지향하는 곳도 있지만, 어딘가 부자연스러운 인상을 준다. 곳곳에 '허물없는 느낌'이 본색을 드러내 실소를 금치 못하게 하는 경우가 많다.

그런 반면에 첫 방문임에도 친구같이 환영해주는 이탈리아 레스토랑의 대응은 정말로 마음을 따뜻하게 하는 면이 있다. 이것도 레스토랑이라는 것에 대한 근본적 감각의 차이에서 나오는 것 같다.

---

[37] 롬바르디아 주 만토바 현에 있는 미쉐린 별 세 개의 레스토랑. 전통적 요리를 잘한다.
[38] 베네토 주 파도바 현에 있는 미쉐린 별 세 개 레스토랑. 신선한 현대적 요리를 잘한다.
[39] 피렌체에 있는 미쉐린 별 세 개 레스토랑. 어마어마한 와인 재고로 유명하다.
[역주5] 프랑스식 파인 다이닝 레스토랑을 말한다.

이탈리아 레스토랑 제대로 즐기기

그러한 사고방식에서 유래한 것이겠지만, 이탈리아 레스토랑에서는 종이에 쓰인 메뉴가 그다지 소용이 없다. 일정 수준 이상의 가게는 빈틈없이 메뉴를 비치하고 있기는 하지만 애초에 손님이 그것을 잘 보려 하지 않는다.

주인이 그날의 메뉴를 열거해주면 손님이 그것을 듣고 주문하는 것이 가장 일반적인 주문 방식이다. 그날 시장에서 발견한 소재에 따라 조리가 매일 달라지기 때문에 프린트한 메뉴는 없고 칠판에 매일 그날의 메뉴를 쓰는 것으로, 프랑스나 일본과는 또 다르다.

어디까지나 주인이 손님에게 직접 가서 설명하는 쪽을 선호하는 것이다. 확실히 메뉴를 지긋이 읽으며 음미한다는 행위는 "자아 어느 정도의 솜씨인지 하나씩 살펴 볼까?"라는, 말하자면 손님이 레스토랑을 지켜본다는 자세를 의미하고 있다. 프랑스의 그랑 메종에서는 샴페인 잔을 기울이면서 메뉴를 음미하는 것이 가장 마음이 떨리는 순간이다. 단, 그것은 "오, 제법 하는군."이라던가 "호오, 그렇군, 재밌네."라는 '대결 자세'에서 오는 즐거움이다.

거기에 반해 메뉴를 보지 않고 주인의 메뉴 낭독에 귀를 기울이는 이탈리아의 손님에 대한 접근은 "나는 당신을 신용하고 있으니 메뉴를 보고 당신을 판단하는 짓은 하지 않겠어요. 그러니까 당신도 나에게 정말 맛있는 것을 내주시오."라는 것이다. 기본적으로는 "엄마, 오늘 반찬은 뭐야?"라고 묻는 아이 같은 순진무구한 접근이다.

물론 어느 쪽이 좋고 나쁘다는 것이 아니고 각각 일장일단이 있다. 단, 근본적 자세의 차이를 인식해 두면 레스토랑을 더 잘 즐길 수 있을 것이다.

친구가 중요한 이탈리아에서는 지인을 통해 전화를 한 통 넣어두면 레스토랑이나 트라토리아의 '열렬한 환영도'가 좀 더 높아진다. 그렇지않으면 주인의 의도에 투항하는 것이 좋다. "이쪽은 손님인데."라는 고압적인 생각은 버리고 "주인이 자신 있는 맛있는 요리를 내주십시오."라는 느낌의, 약간 허물없을 정도의 접근으로도 대부분은 문제가 없다. 이쪽이 마음을 허물고 있으면 상대도 마음을 허물어줄 것이다. 기본적으로 대단히 친절한 사람들이므로 부탁한다는 느낌이 들면 그 보답으로 의리를 느끼게 해준다.

다섯 번째 **5** 요리

Pesto Genovese

페스토 제노베제

이탈리아다운 요리의 극치

이 책을 집필하면서 절실히 느끼는 것은 이탈리아 요리의 대표 메뉴는 대부분 아주 심플하며 소재 자체의 신선한 향과 맛을 그대로 스트레이트하게 낸 것이 많다는 점이다.

카프레제도 그렇고, 알리오 올리오 에 페페론치노도 그렇다. 물론 이탈리아에도 나폴리 왕국 부르봉 家[1]의 궁중요리 전통을 잇는 사르토 디 리조[2]나 페라라[3] 에스테 家[4]의 궁중요리 전통을 잇는 파스티치오 디 마케로니[5] 등 복잡하고 손이 많이 가는 요리도 있다. 하지만 역시 직설적으로 정면대결하는 요리가 이탈리아답고 매력적인 것 같다.

이런 타입의 극치가 이 장에서 다루고자 하는 페스토 제노베제다.

페스토 제노베제는 제노베제가 주도인 리구리아 주의 명물이다. 바질리코[6], 잣, 마늘, 가루 치즈, 그리고 소금을 으깨서 만든 페스토에 올리브 오일을 섞어 만든다. 제노베제는 파스타 소스로 사용하는 경우가 많지만 그 외도 요리에 풍미를 주는 데 사용한다. 대단히 심플한 요리임에도 선명한 아로마가 훌륭하다.

19세기에야 지금과 같은 형태가 된 비교적 새로운 요리지만 유명한 요리가 별로 없는 리구리아 주가 자랑하는 명물이며, 지역주민들은 꽤 자부심을 느끼고 있다.

1. 1734년에서 1861년까지 나폴리 왕국, 시칠라왕국(후에 양시칠리아왕국)을 지배한 부르봉 왕조.
2. 볶은 쌀에 미트볼, 소시지, 닭 내장, 모차렐라 치즈, 프로볼라 치즈, 버섯, 완두콩 등을 섞어 오븐에서 구운 호화스러운 궁중요리.
3. 에밀리아 로마냐 주 페라라 현의 현도. 에스테 가 휘하의 르네상스 시대에 문화의 중심도시로 번창하여 명승고적이 많아 유네스코 세계유산으로 등록되어 있다.
4. 중세부터 르네상스 시대에 걸친 이탈리아의 유력 귀족. 페라라를 지배하였다. 전성기에는 모데나, 레지오도 통치하였으며 문화를 보호하였다.
5. 쇼트 파스타를 미트 소스, 버섯, 베샤멜 소스 등에 묻혀 타르트 생지로 감싸 오븐에 구운 호화스러운 요리.
6. 바질이라고도 불리는 허브. 이탈리아에서는 특히 향이 강한 것이 생산되어 요리에 많이 사용된다. (오른쪽 사진)

재료의 배합이 어려운 바질리코 제노베제

우선 가장 중요한 것이 바질리코다. 바질리코 제노베제(제노바의 바질리코)라 부르는, 약간 작은 크기의 토산품 바질리코 종이 필수다. 제노바 마을의 높은 지대에 있는 프라 지구의 바질리코가 최고라고도 하지만, 그렇게까지 고집하는 사람은 적다.

바질리코 제노베제는 "산초는 작은 가루인데 찌르르하게 맵다."라는 일본의 시구를 그림으로 그린 것 같은, 작으면서도 대단히 향이 강하다. 거기에 레몬, 재스민 등의 상쾌한 아로마가 있다. 잣은 토산품을 사용한다. 옛날 버전에서는 잣이 없고 후추도 들어가지 않는다.

가루 치즈는 파르미지아노 레지아노 치즈나 그라나 파다노 치즈가 많이 사용되지만, 사르데냐 섬의 양젖 치즈 페코리노를 블렌딩하는 것이 전통이다. 블렌딩 비율은 50% 대 50%, 또는 파르미지아노 70%에 페코리노 30% 등 기호가 갈릴 수 있다. 파르미지아노만 넣으면 약간 밋밋한 맛이 되지만, 페코리노가 지나치게 들어가면 맛이 공격적으로 되므로 재료의 배합이 어렵다.

마늘은 리구리아 주 임페리아 현의 베사리코[7] 산이 델리케이트한 맛이 있어 공격적이지 않은 맛의 페스토를 만들지만, 리구리아 주 밖에서는 손에 넣기가 대단히 어렵다. 옛날 페스토 제노베제는 마늘 맛이 상당히 강했지만, 최근에는 전체적으로 마늘의 양이 줄어들고 있다. 소금은 다른 소재와 함께 으깨기 쉬우므로 굵은 소금을 사용한다.

---

7. 리구리아 주의 제노바 서쪽에 있는 현. 베사리코는 그 속에 있는 마을.

올리브 오일은 반드시 리구리아 산의 엑스트라 버진 오일이어야 한다. 리구리아의 올리브 오일은 국제적으로도 높은 평가를 받지만, 대단히 델리케이트한 맛이다. 라이벌인 토스카나 주의 올리브 오일은 긴장되는 듯한 '쓴맛'이 있고, 아티초크나 셀러리가 연상되는 '푸른 톤'이 특징이지만, 리구리아의 올리브 오일은 그러한 공격적인 톤은 전혀 없고 소극적이다. 생선 요리에 가장 어울린다는 올리브 오일로 일본에서도 인기가 높다.

페스토 제노베제는 이들을 함께 으깨어 섞는 것만으로 요리가 된다. 물론 소재의 질이 가장 중요하기는 하지만, 상호 간의 밸런스를 잘 맞추어 조화된 맛을 만드는 것도 중요하다. 각각의 소재를 적당한 양으로 넣어야 하며 하나의 요소가 돌출되어서는 안 된다.

이렇게 입으로 말하는 것은 간단하지만, 실제로는 대단히 어려우므로 여러 번 시행착오를 겪어야 한다.

믹서보다는 전통의 절구

모르타리오라고 부르는 조그만 대리석 절구에 나무로 된 절굿공이를 사용해서 재료를 으깨는 것이 전통적인 방법이다.

바질리코는 쉽게 산화되어 아로마를 잃기 때문에 상처가 나지 않게 주의 깊게 취급해야 한다. 절구에 마늘, 잣, 굵은 소금을 넣어 절굿공이로 천천히 눌러 으깨기 시작한다. 여기에 바질리코를 넣고 계속 으깬다. 으깨진 바질리코의 강렬한 아로마가 느껴질 것이다.

바질리코가 어느 정도 으깨지면, 가루 치즈를 넣고 계속한다. 서둘러도 안 되지만, 너무 천천히 해서도 안 된다. 페스토가 산화되어버리기 때문이다. 도중에 올리브 오일을 여러 번 추가하면서 계속 으깬다. 전체가 크리미하게 되어 균일한 녹색을 띠면 완성된 것이다. 페스토 제노베제가 올리브 오일에 덮여 공기와 접촉되지 않게 하는 것이 중요하다.

여기까지 묵묵히 집중하면서 작업을 계속하기 바란다. 와사비를 갈 때처럼 만드는 사람의 기분이 왠지 모르게 맛에 영향을 주는 것 같다. 작업 중에 전화가 울려도 수화기를 들어서는 안 된다.

요즘은 모든 소재를 믹서에 집어넣고 한 번에 만드는 사람이 많은데, 이래서는 약간 섭섭하다. 페스토 제노베제 같은 심플한 요리는 약간 시간을 들여서라도 애정을 갖고 만드는 쪽이 맛있다. 게다가 믹서로 하면 페스토 전체가 열을 지니게 되어 아로마를 잃어버리는 데다가 산화되어 거무칙칙한 색이 되므로 아름답지 못하다.

맛있게 만들어진 페스토 제노베제는 향이 강하지만 전체적으로 조화가 잘 이루어져 바질리코의 아로마가 두드러지지 않는다. 확실히 지중해를 느끼게 하는 신선한 맛이다.

아주 심플한 요리라서 나도 집에서 만들어보기도 하지만 좀처럼 제노바에서 먹는 듯한 맛은 나지 않는다. 바질리코, 마늘 등의 재료가 다른 데다가 이상적인 비율이 나오기 어려워서일 것이다.

제노바의 레스토랑에서도 각자 페스토 제노베제에 대한 특징이 있어 바질리코 향이 대단히 강한 것, 마일드한 것, 마늘 향이 강한 것 등을 비교해서 먹어 보아도 재미있다.

페스토 제노베제를 잘 만드는 법

페스토 제노베제는 보통은 파스타 소스로 사용되는데, 토산품 밀가루와 물을 섞어 구불구불한 곱슬머리 같이 꼬아 만든 트로피에[8]라고 부르는 파스타 면을 많이 사용한다. 링귀네와 닮은 트레네테[9]라는 파스타 면도 정석이다. 감자 뇨키도 궁합이 좋다.

파스타 면을 삶을 때는 작은 주사위 모양의 감자와 강낭콩 꼬투리를 함께 삶아서 파스타에 섞어 먹는 것이 특징이다. 제노바에서는 반드시 습관적으로 이렇게 한다. 채소가 들어가면 확실히 페스토 제노베제의 선열한 아로마가 약간 부드러워지는 듯한 느낌이 든다.

파스타 면 삶은 물을 넣어 페스토 제노베제를 약간 묽게 만들면 파스타 면과 잘 섞인다. 이것을 미네스트로네[역주1]에 한 숟갈 넣으면 갑자기 제노베제 풍으로 맛이 변한다. 라자냐[10]에도 넣을 수 있다. 생선 요리의 악센트로서도 훌륭한 효과를 얻을 수 있다. 다양한 요리에 신선한 지중해스러운 향을 더해주는 것이 페스토 제노베제다.

8. 파스타 제노베제의 단골 파스타 면 트로피에(아래 그림)

9. 트레네테(오른쪽 그림)

역주1. 각종 채소와 콩, 허브를 넣어 만드는 채소 수프의 일종으로, 파스타나 쌀을 넣어 걸쭉하게 만든다.
10. 넓적하게 민 수타 파스타. 베샤멜소스, 미트 소스를 겹겹이 올려 오븐에 구운 것.

바다에서 나는 재료를 사용하지 않아도 바다를 느끼게 해주는 명품

페스토 제노베제는 역시 작은 항구 마을의 테라스 자리에서 지중해를 바라보면서 먹고 싶은 음식이다. 나무 그늘로 바닷바람이 불어오고 바다에 반사되는 초여름의 태양을 가는 눈을 뜨고 멀리 바라보면서, 라는 시나리오에 어울리는 것이 페스토다.

25년 전에 영화 로케이션 일로 한여름에 방문했던 포르토피노[11]의 한 레스토랑에서 먹었던 페스토 제노베제의 신선한 맛이 잊히지 않는다. 제노바 교외 바닷가에 있는 트라토리아에서의 소박한 맛도 버리고 싶지 않다.

바다의 식재료가 전혀 들어가 있지 않은데 이 정도로 지중해가 느껴지는 요리도 드물다. 리구리아 주에서는 바질리코에서도 올리브 오일에서도, 그리고 와인에서도 바다가 연상되는 아로마를 느낄 수 있다.

그래서 페스토와 잘 어울리는 와인도 리구리아 주에서 만들어진 향기 짙은 화이트 와인, 그 중에서도 될 수 있으면 고유 품종의 베르멘티노[12]라던가 피가토[13]가 좋다. 양쪽 모두 허브나 아련한 감귤류 향이 있으며 프레시하면서 약간의 짠맛과 뒷맛이 특징인 매력적인 와인이다. 전체적으로 리구리아 와인은 즐거운 것이 많지만, 이 지역을 방문하는 수많은 관광객이 다 소비해버리는 바람에 주 밖에서는 좀처럼 손에 넣지 못하는 것이 유감이다.

페스토 제노베제는 아로마가 지나치게 강해서 와인과 어울리기 어렵다는 사람도 있지

---

[11] 리구리아 주 제노바 현의 아름다운 항구. 고급 리조트 지역으로 유명하다.
[12] 티레니아 해 연안의 리구리아 주, 토스카나 주, 사르데냐 주에서 재배되고 있는 화이트 와인 포도. 아련하게 쓴 뒷맛이 특징이다.
[13] 리구리아 주의 화이트 와인 포도 품종.

만, 와인 없이 먹는 것도 미안하다. 설령 페스토 제노베제가 와인의 섬세한 아로마를 가려 버린다 하더라도 식탁의 즐거움과 좋은 분위기가 충분히 보상해 줄 것이다. 이 경우는 와인의 향과 맛이 어쩌고저쩌고 하는 것보다 와인이 있는 식탁이라는 유혹이 더 소중하다.

'시에스타'는 노동자를 위한 습관?!

이탈리아는 점심을 넉넉하게 시간을 들여 먹는 것으로 유명한데, 식사 후에는 시에스타(낮잠)를 보내는 습관이 있어 게으른 자의 상징처럼 야유를 받고 있다. 실제로 30년 정도 전까지는 오후 1시에서 5시까지 가게를 닫는 곳도 많았고, 지금도 식품점 등은 그 습관을 지키는 곳이 있다.

그러나 최근에는 점심 휴식이 짧아져 국제 스탠다드에 점점 가까워지고 있다. 이 시에스타는 여름 오후가 지나치게 더워 야외에서 활동하기에 적합하지 않기 때문에 생겨난 관습이다. 특히 남부 이탈리아의 농민에게 있어 한여름의 오후 작업은 자살 같이 무모한 행위다.

그렇지만, 가난했던 시절에는 반드시 해야 하는 농사일이 얼마간 있었기 때문에 해가 솟아오르는 동시에 일을 시작해서 맹더위를 이겨낼 수 없어질 때까지 계속 일했다. 보통 새벽 5시부터 시작하면 오후 1시 정도에 이미 여덟 시간 동안 노동한 셈이 된다. 아침 8시 정도 되면 집에서 가지고 온 살라미를 끼운 파니니와 와인을 마시는 것이 농민의 전형적인 아침이었다. 시원한 시간대에 우선 될 수 있는 한 일을 진척시켜 두는 것이 중요했던 것이다.

이렇게 단숨에 일을 해치우고 나서 집으로 돌아가면 당연히 배가 상당히 고팠을 것이다. 이제 파스타를 잔뜩 먹고 영양보충을 한다. 옛날 시칠리아 농부의 파스타 접시를 본 적이 있는데, 1인분이 1kg이나 되는 거대한 것이어서 깜짝 놀란 적이 있다. 가난한 농민은 파스타뿐이었을지 모르지만, 조금 더 여유 있는 사람은 이 이후에 메인인 고기나 생선도 먹었을 것이다.

돌로 된 건물이므로 셔터를 내리면 의외로 실내는 지내기 편하다. 잔뜩 일한 후 잔뜩 먹었으니 당연히 졸음이 엄습해 온다. 그래서 잠깐 눕는 것이 시에스타다. 한 시간이나 많이 자도 두 시간 정도일 것이다. 오후 4시 반에서 5시까지는 전화를 하지 않는다든가 급한 일로 전화를 하더라도 "쉬고 있지 않았어?"라고 미안해하는 사람도 있을 정도로 이 시간대는 휴식 타임이다.

오후 6시경이 되면 맹렬한 일교차로 시원해지면서 작업이 가능해진다. 다만, 오후에는 밭일도 간단한 것만 하고 농기구 손질이나 오전 중 한 일의 뒤처리, 내일 할 일의 준비 등을 한다.

이 습관의 가장 중요한 점은 오후 5시 이후의 시간을 꽤 자유롭게 사용할 수 있다는 것이다. 낮에 식사를 잔뜩 해두었으므로 배가 고프지는 않다. 그래서 중요한 일이 있으면 5시에서 10시경까지 그런대로 시간을 갖고 집중할 수 있다. 게으른 자의 습관처럼 보이지만 효과적으로 이용하면 실로 능률이 높은 습관이다.

시에스타는 더운 날씨에 농사일을 해야 하기 때문에 생겨난 관습이고, 이탈리아 기후에 맞춰 편리하게 활용했던 것 같다.

시에스타의 첫 번째 장점

우리가 여름 동안 이탈리아 와인 가이드북 관련 일을 할 때도 이 습관에 기초한다.

우선 아침은 이르다. 오전 8시에 집합해서 그날 시음할 100종류 정도의 와인을 준비한다. 그리고 오전 8시 반부터 오후 2시 반 정도까지 집중해서 단번에 와인을 블라인드 시음한다. 농부보다는 스타트가 느리지만, 그래도 이 시간까지 여섯 시간 동안 일이 진척된다. 점심을 먹어버리면 시음 능력이 저하되기 때문이다.

2시 반이 되면 점심을 잔뜩 먹는다. 그리고 방으로 돌아가 4시에서 6시까지 휴식을 취한다.

한 시간 정도 잘 때도 있지만, 친구와 전화로 수다를 떨 때도 있다. 날씨도 더운데다가 이탈리아의 여름 오후의 태양은 강렬하게 번쩍거리기 때문에 육체노동을 하지 않아도 야외에 있는 것만으로 피로감이 느껴져서 이 시간대에는 실내에 있는 쪽이 현명하다.

그리고 시원해지기 시작하는 저녁 6시경에 다시 집합해서 그날 시음했던 와인을 분석, 토론하는 것이다.

반복해서 말하지만, 요점은 낮에 완벽하게 먹었으므로 그다지 배가 고프지 않다는 점이다. 그래서 시간을 충분하게 사용할 수 있다.

저녁 6시부터 토론을 시작해서 그것이 9시, 10시까지 계속되어도 아무도 공복으로 짜증을 내지 않기 때문에 문제가 없다. 모두 양해하면서 내일의 와인을 조금씩 준비하며 피자를 먹으러 가거나 자정경이 되면 취침한다. 이렇게 하면 아주 쾌적하고 능률적으로 일할 수 있다.

7시에 저녁을 먹어서는 안되는데, 시간이 중간에 끊기면 이 습관은 매우 비능률적이 될 것이다. 점심을 듬뿍 먹었기 때문에 저녁 시간을 제한 없이 자유롭고도 능률적으로 사용할 수 있다는 데에 이 습관의 최대의 장점이 있다.

현대의 이탈리아 식사 환경

전통적인 이탈리아 식사는 점심은 가족 전원이 모여서 (지금의 노동 사정에서는 물론 무리지만, 와이너리 등지에서는 지키는 곳이 있다.) 전채, 파스타, 메인을 잔뜩 먹는다. 그 후 각자 떨어져서 시에스타를 하거나 외출하거나 저녁 시간을 자유롭게 보낸다.

그래서 고전적인 저녁 메뉴는 생 햄이나 살라미, 치즈와 미네스트로네 등의 수프다[14] 각자 먹고 싶을 때 와서 가져갈 수 있는 것이 주가 된다. 이러면 식사 준비를 추가로 할 필요가 없어 주부도 시간을 자유롭게 사용할 수 있다.

[14]. 이탈리아의 고전적인 저녁

나폴리 이외에서는 피제리아는 밤에만 영업하는데, 그것도 이러한 습관을 생각해보면 납득할 수 있다. 우리의 감각으로는 가벼운 음식인 피자야말로 낮에 먹을 수 있는 편리한 음식이지만…. 와인 바, 비레리아(비어홀) 등 가볍게 집어 먹으면서 이야기할 수 있는 곳은 모두 밤에만 영업하는 곳이 많다.

그러나 오랫동안 뿌리 깊었던 이 습관도 이탈리아의 국제화, 특히 EU 시장통합 때문에 점점 없어져 가고 있다. 그렇다고 식습관의 변화가 그에 뒤따르는 것은 아니라 부자연스럽게 느껴지는 경우도 많다.

가장 대표적인 예가 가볍게 먹는 점심이다. 아직도 레스토랑이나 트라토리아는 가벼운 점심에 대처하고 있지 않은 곳이 많다. 요리 하나만 살짝 먹고 나가기 어려운 분위기다. 그래서 필연적으로 점심시간이 짧은 샐러리맨 등은 바에 집중하게 된다.

바에서 제공하는 것은 기본적으로 파니니 샌드위치다. 살라미, 생 햄, 치즈 등이 끼워진 다양한 종류의 파니니는 맛이 있기는 하지만, 기본적으로는 단조롭고 혼잡한 카운터에 줄을 서서 복잡함을 극복하고 주문한 후 선 채로 먹어야 하므로 약간 비참한 기분이 들어 즐겁지가 않다. 제대로 앉아 따뜻한 요리도 먹을 수 있으면서 40분 이내에 나갈 수 있는 편리한 가게가 없다.

저녁때 만난 이탈리아인에게 "점심은 무엇을 먹었느냐?"라고 물으면 "안 먹었어. 파니니 말고는."라고 대답하는 사람이 있어 웃어버리게 된다. 차분하게 앉아 먹는 것이 아닌 파니니는 제대로 된 식사라고 해줄 수 없다는 말이다. 일본같으면 "오늘 점심은 먹지 않앉아. 서서 먹는 소바를 먹었을 뿐."이라는 사람이 있을까?

최근에는 바에 자리를 준비해 간단히 가볍게 식사할 수 있는 곳도 늘고 있지만, 메뉴는 생 햄과 모차렐라라든가 살라미에 안초비라든가 하는 식으로 그다지 변한 점이 없는 곳이 많다.

레스토랑의 고민, 손님의 고민

이탈리아의 레스토랑은 전통적으로 낮과 저녁의 메뉴가 완전히 같다. 다른 나라처럼 점심은 가볍거나 요리 가짓수가 적거나 하지 않다. 저녁에 잔뜩 먹지도 않는다. 옛날의 습관이라면 오히려 낮 쪽이 무겁고 저녁 식사 쪽이 가벼웠다.

그런데 일이나 생활 습관이 변화하면서 사람들이 점심에 돈도 시간도 들이지 않게 되면서 레스토랑의 점심 영업은 휴점의 종을 울리게 되었다. 특히 시골 레스토랑은 점심에는 완전히 손님이 없어서 예약하지 않으면 문을 닫는 일도 많다.

레스토랑 가이드 일로 레스토랑을 방문해서 점심을 먹을 때 손님이 나 혼자일 경우가 최근 5년간 여러 번 있었는데, 이러면 서비스 점수를 어떻게 평가하면 좋을지 당혹스러워진다. 손님이 나뿐이라면 서비스가 좋을 것은 당연하고 오너가 내 테이블에 앉아 말을 거는 경우도 드물지 않기 때문이다.

그 정도로 점심이 한가해졌다면 요리 개수를 줄여서라도 가격이 싼 비즈니스 런치를 준비해서 손님을 다시 부르는 것이 좋을 것 같다. 실제로 대도시에는 그런 노력을 하는 식당도 많다.

그렇지만, 시골 레스토랑은 오랜 세월 변하지 않는 습관에 젖어 버려 탄식만 하고 새로운 것에 도전하려는 사람이 적은 것이 유감이다.

리구리아 인은 인색한가?

페스토 제노베제 이야기로 돌아가면, 만드는 데 수고는 들지만 식재료비는 대단히 싼 요리다. 바질리코는 야생에서 자라고 있고 잣도 주워서 먹을 수 있다. 마늘, 소금, 올리브 오일, 치즈 등은 비교적 가격이 싼 식재료다.

이것이 다른 주의 사람들이 "역시 인색한 리구리아인."이라고 흠잡는 이유가 되었다. 리구리아인은 이탈리아에서 가장 인색하다는 평판이 높다.

다른 주 사람들의 말에 의하면 감자와 강낭콩 깍지를 섞는 것도 이들 야생 채소는 파스타보다 싸기 때문에 부피를 늘리려고 하는 것이라는 이야기다. 리구리아 주에서는 요리에 호두도 자주 사용한다. 라비올리에 호두 소스를 넣은 판소티 콘 라 살사 디 노치 라는 명물 요리가 있는데, 호두도 숲에서 줍는 것이므로 이것도 인색함의 증표가 되었다.

아름다운 바다와 배후에 솟아 있는 산 사이에 끼어 있는 리구리아 주는 경치가 아주 아름다운 곳이지만, 삼림이 많고 경작 가능한 토지는 대단히 적다. 주의 65%가 산악지대이며 35%가 구릉지대고 평야는 없다.

그럼에도 이탈리아에서 가장 인구밀도가 높은 주로, 바다와 산에 끼어 있는 가늘고 긴 토지에 많은 수의 주민이 산다. '인색'이라는 평판도 아주 협소한 토지에서 많은 인구가 살아가는 동안 생겨난 절약의 지혜일 것이다.

이탈리아의 '주 대항 흉보기 시합'

이러한 '주 대항 흉보기 시합'은 이탈리아에서는 아주 인기가 있는 놀이로, "토스카나인은 말솜씨가 좋아 무엇이든 실제 이상의 가격으로 팔아넘긴다."라든가, "프리울리[15] 인은 완고해서 폐쇄적이다."라든가, "알토 아디제[16] 인은 융통성이 전혀 없어 우둔하다."라든가, "로마 인간은 무지한 주제에 오만하고 자신이 1등이라고 생각하는 얼간이."라든가 하는 식으로 각각의 특징을 이야기하고 있다. "나폴리인은 게으름뱅이여서 적당주의다." 등은 지금은 일본에서도 알려진 유명한 욕일 것이다.

물론 이러한 흉보기는 모든 사람에게 적용할 수 있는 것은 아니고 같은 지역 내에도 틀에서 벗어난 예외적인 인물이 있기는 하지만, 때로는 묘하게 공감이 가고 기막히게 딱 들어맞는 때도 있다. 분열된 소국이었기 때문에 각 지역을 지배했던 민족의 특징, 역사적 경위 등이 그 지역 사람들의 사고방식에 짙은 영향을 주었을 것이다.

특히 시간에 대한 사고방식은 지역에 따라 극단적으로 다르다. 로마의 남쪽에서는 "저

---

[15] 이탈리아 북부에 있는 프리울리 베네치아 줄리아 주를 말하다. 주도는 트리에스테.
[16] 토렌티노 알토 아디제 주 볼치아노 현(알토 아디제 지방)을 가리킨다. 알프스에 가깝고 오스트리아와 국경을 접하고 있다. 주민은 독일계다.

녁에 초대할 테니 저녁 8시에 집으로 오세요."라고 하면 절대로 8시에는 가지 않는 것이 좋다. 빨라도 8시 반, 대부분은 9시 정도에 초대 손님이 모인다.

일본에서처럼 8시에 시간을 맞춰서 가게 되면 호스트가 열심히 요리를 준비하고 있는 것을 방해하게 되어 달갑지 않게 생각한다. 시칠리아 친구는 "약속 시간에 30분 늦게 오는 것이 예의 바른 것이다."라고 이야기하지만, 지역이 달라지면 사고방식도 달라진다.

반면 북부의 독일어 권의 알토 아디제 지방은 "독일인 이상으로 게르만스러운"이라고 야유받는 기질의 사람들로, 기능을 대단히 우선시 한다. 알토 아디제 지방은 저녁 시간도 일러서 7시 반에는 먹기 시작하는데, 이 경우 7시 반이라고 한다면 반드시 그 시간에 가야 한다.

로마의 친구가 "알토 아디제는 터무니없는 곳이다. 8시에 레스토랑을 예약해서 9시에 도착했는데 입점을 거부당했다."라고 매우 화를 냈다. 일본인인 나로서는 당연한 일이라고 생각하지만, '로마 기준'으로 말하면 8시에 확실하게 도착하는 쪽이 '이상한 녀석'이 될 것이다.

습관은 지역에 따라 각각 달라지는데, 여기에도 이탈리아는 극단적인 경향이 있다.

여섯 번째 **6** 요리

Risotto
리조토

리조토는 '죽'이 아니다!

파스타와 나란히 이탈리아를 대표하는 프리모 피아토[1]가 리조토다. 리조토란 쌀을 볶으면서 채소나 고기를 함께 넣어 스톡으로 익힌 요리로, 북부 이탈리아에서 주로 먹는다. 이탈리아식 죽이라고 번역하는 때도 있지만, 국물이 남지 않으므로 이 번역은 맞지 않는다.

우리에게 익숙한 쌀 요리이기 때문에 일본에도 잘 알려졌고 일본의 이탈리아 레스토랑에서도 인기 메뉴 중 하나다. 그렇지만, 이탈리아 본국에서 전통적으로 리조토를 먹는 지방은 의외로 적어서 피에몬테, 롬바르디아, 베네토 북부 3개 주뿐이다.

버터가 없으면 리조토가 아니다

리조토를 만드는 법은 심플하다. 우선 처음에 잘게 다진 양파를 버터에 볶는다. 최근에는 웰빙 열풍으로 올리브 오일과 버터를 섞어서 볶는다거나 올리브 오일만 넣어 볶는 방법을 사용하는 사람도 있는 것 같지만, 전자는 그렇다 해도 후자는 절대 허락되지 않는 다는 것이 리조토 정통주의자의 '공식 견해'다. 본래 이탈리아는 북부의 버터 문화권과 중남부의 올리브 오일 문화권으로 나뉘는데, 리조토는 버터 문화권의 대표 선수이기 때문이다.

양파는 지나치게 볶지 않도록 하고 약간 투명해질 정도까지면 좋다. 거기에 쌀을 넣고 볶는다. 쌀은 사왔을 때 상태 그대로 씻지 않고 넣는데, 일본인으로서는 대단히 저항감이

---

1. 이탈리아 요리로 전채와 메인 디시 사이의 요리로 서브되는 요리의 총칭. 주로 파스타, 쌀 요리, 수프 등이다.

있겠지만, 여기서는 그 고장의 법에 따르도록 하자. 채소나 고기 리조토 는 여기에 채소나 고기를 넣고 쌀과 함께 볶는다.

쌀은 강한 불로 투명해질 때까지 볶는다. 토스타투라라고 부르는 이 단계는 쌀의 바깥쪽을 구워 단단하게 만들어 전분을 쌀 내부에 가두는 것이 목적이다. 여기에 와인을 약간 넣어 향을 주는 사람도 있다.

쌀 입자 바깥쪽이 단단해지면 다음은 쌀을 익히는 공정으로 들어간다. 미리 냄비에 끓여둔 육수를 쌀이 찰랑거릴 정도로 부어 익힌다. 쌀이 달라붙지 않도록 가끔 저어 섞어준다. 냄비 뚜껑은 덮지 않는다.

육수는 단숨에 붓지 말고 조금씩 부어야 한다. 그리고 계속해서 끓이는 것이 중요하다. 육수를 부어가면서 쌀을 계속 익히면 15~20분 정도면 익을 것이다. 쌀에 심이 약간 남은 알 덴테 상태에서 불을 끈다.

불을 끌 때 육수가 완전히 쌀에 흡수되어 국물이 냄비에 남지 않도록 육수 양을 조절해서 넣어야 한다. 여기에 버터를 넣어 섞는다. 만테카투라라고 부르는 이 공정은 리조토에 크리미함을 내는 데 중요하다.

이 단계에서 잘게 간 파르미지아노 치즈도 섞는 것이 전통적인 방법이지만, 최근에는 더 담백한 맛을 내려고 버터만 넣는 사람도 있다. 이렇게 해서 리조토가 완성된다.

누오바 쿠치나[2]를 추종하는 셰프(특히 콸티에로 마르케지[3]) 중에는 첫 단계에서 버터와 양파를 사용하지 않고 소량의 물을 넣어 볶는 사람도 있는데, 몸에는 좋을지 몰라도 리조

---

[2] 이탈리아의 누벨 퀴진. 콸티에로 마르케지가 1970년대 말에 밀라노의 레스토랑에서 시작했다고 되어 있다. 재료를 중시하는, 가벼운 근대적 요리다.

[3] 이탈리아에서 가장 유명한 요리인. 1986년에 이탈리아에서 처음으로 미쉐린 별 세 개를 받았다. 이탈리아 요리의 근대화에 커다란 역할을 하였다.

토다움은 결여된다.

이상적인 리조토를 위한 쌀의 선택

리조토는 쌀 입자 바깥은 부드럽고 스톡의 풍미를 듬뿍 흡수하고 있지만, 중심 부분은 약간 크리스피하게 씹는 맛이 있도록 적당히 구워진 것이 이상적이다. 익히는 동안 녹아 나오는 전분이 젤라틴 같은 역할을 하여 크리미한 점성이 쌀 한 알, 한 알을 감싸 하나로 정리해줘야 맛 좋은 리조토다.

이 '전체적인 일체감'이 중요한데, 필라프 같이 한 알 한 알이 따로따로 흩어져 있으면 안 되고 한 알 한 알이 떨어져 수프처럼 떠 있는 것도 리조토가 아니다.

이 효과를 완벽하게 실현하려면 쌀의 품종이 중요하다. 푸석푸석한 인디카 종은 당연히 안 된다. 이탈리아 쌀은 의외로 우리가 먹는 것과 같은 자포니카 종이다. 가장 최고로 치는 것이 피에몬테 주의 카르나로리[4]로, 거기에 발도, 아리보리오[5] 등이 이어진다.

여기에 대적하는 것이 베네토 주의 비아로네 나노[6]로, 그 지역에서는 이쪽을 높게 평가한다.

피에몬테의 셰프 중에는 '절대 카르나로리'라는 파가 많고, "비아로네 나노는 수프에 넣기는 좋지만 리조토로 만들기에는 점성이 지나치게 강하다."라고 말한다.

반대로 베로나 주변의 식당은 압도적으로 비아로네 나노로, 별 세 개 레스토랑인 〈달 페

---

[4] 피에몬테 주, 롬바르디아 주에서 재배되고 있는 쌀 품종으로 리조토에 가장 적합하다.

[5] 북이탈리아에서 함께 재배되고 있는, 리조토에 적합한 쌀 품종이다.

[6] 베네토 주의 명물 쌀. 리조토를 만들기도 하고 수프에 넣어서 먹기도 한다.

스카토레[7]〉에서도 메뉴에 품종을 명기하고 있다. 이를테면 고베 소 vs. 마츠사카 소[역주1] 같은 것으로, 향토애와 기호의 문제다.

이탈리아의 쌀은 크기가 작은 것부터 코무네, 세미 피노, 피노, 스펠 피노로 나뉘는데, 위에 열거한 리조토 쌀은 가장 입자가 큰 스펠 피노의 것이 많다.

리조토에 있어서 '주역'은 무엇인가

리조토에는 무수히 많은 종류가 있는데 가장 중요한 것은 맛을 내는 데 들어가는 채소, 고기, 살라미 등은 보통은 한 종류며 많아야 2~3종류에 그쳐야 한다는 점이다. 파스타 요리는 파스타 면을 맛보려는 것이지 소스가 주역이 되어서는 안 되는 것과 같은 이치로, 리조토의 주역은 어디까지나 쌀이며 채소나 고기는 아니다.

가장 많이 사용되는 것은 채소다. 그것도 야생 아스파라거스 같이 아로마가 강하고 약간 힘이 있는 것이 이상적이다. 베네토 주 트레비조[8]의 라디키오(트레비스)[9]도 풍미가 있어 리조토에 어울린다. 일본에서 자주 먹는 여름 산채(두릅의 싹, 머위 꽃줄기, 양치 등)도 이탈리아에 있다면 틀림없이 리조토로 즐겼을 것이다.

치즈 리조토는 농후한 맛으로 추운 겨울에 최고다. 치즈와 채소의 조합도 좋다. 버섯류의 리조토도 인기가 있다. 포르치니 버섯 리조토[10]는 촉감도 좋고 맛에 깊이도 있어 제왕의 품격이다.

7. 롬바르디아 주 만토바 현에 있는 미쉐린 별 세 개 레스토랑. 전통적 요리를 잘한다.

역주1. 와규 중에서도 효고 현에서 키운 소를 고베 규, 미에 현에서 키운 소는 마츠자카 규라고 하며 둘 다 프리미엄 브랜드다. 마츠자카 규가 가격대가 제일 높기로 유명하다.

8. 배네토 주 트레비조 현. 라디키오로 유명하다. 의류 회사 베네통의 본사가 있다.

9. 치커리 계열의 채소. 자주색을 하고 있으며 약간 쓰다.

10. 채소와 포르치니 버섯 리조토.(오른쪽 사진)

버터와 파르미지아노 치즈만 넣는 심플한 리조토, 또는 치즈(라스케라[11]나 폰티나[12]) 리조토를 만들어 위에 화이트 트러플을 슬라이스해서 올린 것은 가을 최고의 사치다. 고기를 사용한 리조토는 의외로 적은데 살라미를 잘게 잘라 넣는 경우가 많다.

전통의 리조토, 새로운 얼굴의 리조토

일본인이 가장 좋아하는 어패류를 사용한 리조토는 실은 비교적 새로운 것이다. 전통적인 리조토 지대는 내륙 지역이므로 바다의 산물과는 인연이 없고, 있다고 해도 호수나 강의 물고기를 사용한 리조토였다.

다만, 1980년대부터 이탈리아 전역에서 어패류의 인기가 높아지는 동시에 쌀은 건강한 다이어트 식품으로 생각되어 어패류 리조토는 지금은 가장 자주 볼 수 있는 메뉴 중의 하나가 되었다.

아주 역사깊은 리조토 중의 하나는 개구리 리조토다. 옛날 논에는 개구리가 많이 있었기 때문에 이것은 가장 자연스럽게 만들어진 조합이었다[13]. 그렇지만, 최근에는 레스토랑에서도 전혀 볼 수 없게 되었다. 개구리 리조토는 롬바르디아 주의 쌀 농작지대 바비아 현[14]의 것이 유명하다.

옛날에는 그다지 눈에 띄지 않았던 리조토에 과일 리조토가 있다. 딸기 리조토, 사과 리조토 등이 유명하다. 이것도 1980년대부터 많이 만들어진 리조토인데, 의외성으로 손님을

11. 피에몬테 주 남부의 크네오 현에서 만들어지는 세미 하드 타입의 치즈. (왼쪽 사진)

12. 북이탈리아의 발레 다오스타 주에서 만들어지는 세미 하드 타입의 치즈. 녹여 먹는 경우도 많다.

13. 포 강 유역에서는 개구리를 먹는다. 오른쪽 사진은 개구리 튀김(!)

14. 롬바르디아 주의 파비아는 롬바르도 왕국의 수도였다. 파비아 대학은 이탈리아에서 가장 오래된 대학 중 하나다.

15. 1970년대에 시작된, 소재를 살리는 프랑스 요리로, 가벼운 소스가 특징이다. 폴 보퀴즈 등이 추진하였다. 이탈리아어로는 누오바 쿠치나.

놀라게 했던 20년 전의 경박한 누벨 퀴진[15] 냄새가 약간 나서 개인적으로는 그다지 좋아하지 않는다. 물론 고르곤졸라 치즈[16]와 서양배 같이 절묘하게 조합되는 것도 있지만….

역시 최근 20년 정도의 일로, 한때 유행했던 것이 와인을 사용한 리조토다. 베로나의 유명한 와인 바 겸 레스토랑 〈보테가 델 비노[17]〉는 예전부터 아마로네[18] 리조토로 유명하지만, 지금은 이 와인 산지에도 와인 리조토를 맛볼 수 있다. 바롤로[19] 리조토, 바르바레스코[20] 리조토, 바르베라[21] 리조토 등이다.

심한 경우는 본래 리조토가 무엇인지도 몰랐던 몬탈치노[22]인데, 브루넬로[23] 리조토를 만들기도 한다. 이것은 쌀을 볶는 단계에서 와인을 넉넉하게 넣기만 하면 되는 단순한 리조토로, 리조토를 먹는 단계에서는 어떤 와인을 사용했는지 맞추기는 불가능하다. 유명한 와인 이름을 사용하여 자신을 실력 이상으로 보여주려 하는 것에 불과해 리조토 정통주의자들은 눈썹을 찌푸린다.

가장 유명한 밀라노풍 리조토

마지막으로 리조토 중의 리조토, 밀라노풍 리조토(리조토 알라 밀라네제)를 만나본 적이 있을 것이다. 극히 심플한 리조토에 사프란을 넣은, 가장 유명한 리조토다. 선명한 노란색의 리조토 곳곳에 사프란 꽃술의 붉은색이 흩어져 있어 보는 것만으로도 식욕을 자극한다. 여기에 골수를 넣어 '짙은 맛'을 내는 것이 진짜 밀라노 풍이다.

---

[16]. 롬바르디아 주와 피에몬테 주에서 만들어지는 블루치즈. 프랑스의 로크포르, 영국의 스틸튼과 함께 세계 3대 블루치즈로 꼽힌다.

[17]. 베네토 주 베로나 중심가에 있는 와인바, 술집, 트라토리아. 풍부한 와인 리스트로 유명하다.

[18]. 베네토 주에서 그늘에 말린 포도를 사용하여 생산하는, 힘이 강한 레드 와인. 발폴리첼라 지구에서 만들어진다.

[19]. '와인의 왕' '왕의 와인' 이라고 칭해지는 위대한 레드 와인. 피에몬테 주 크네오 현 바롤로 마을 주변에서 만들어진다. 힘이 강하고 중후한 맛을 즐길 수 있다.

[20]. 피에몬테 주 크네오 현 바르바레스코 마을 주변에서 만들어지는 레드 와인. 바롤로와 같이 네비올로 품종으로 만들어진다.

[21]. 북이탈리아 고유 적포도 품종. 과실 맛이 풍부하고 산미가 확실한 와인을 만든다.

[22]. 토스카나 주 남부 시에나 현에 있는 작은 마을. 와인 브루넬로 디 몬탈치노로 유명해졌다.

[23]. 토스카나 주 시에나 현 몬탈치노 마을 주변에서 만들어지는 힘이 강한 레드 와인.

흥미로운 것은 밀라노풍 리조토의 변형인 리조토 알 살토다. 이것은 밀라노풍 리조토가 완전히 익기 전에 냄비에서 꺼내 평평하게 펴서 식힌 후 양면을 버터에 구워 딱딱하게 만든 것으로, 커다란 전병 같은 모습이다. 구수한 향에 오독오독 씹어먹는 맛이 그만이다. 스칼라 극장에서 오페라를 관람한 후 야식으로 먹는 경우가 많았다.

밀라노의 명물 요리 오소부코(송아지 정강이를 익힌 것) 옆에 밀라노풍 리조토를 곁들여 내는 일도 있는데, 프리모 피아토와 세콘도 피아토(메인 디시)를 함께 내는, 이탈리아에서는 보기 드문 예다.

리조토 애호가가 고집하는 것

리조토의 전통을 원형대로 지키려는 '정통주의자'들은 맛내기에 사용하는 채소나 고기를 처음부터 쌀과 함께 익히지 않으면 리조토가 아니라는 편협한 사고를 자랑으로 삼지만, 그렇게까지 구애될 필요는 없다.

최근에는 리조토 위에 레어로 익힌 비둘기 가슴살을 슬라이스해서 올린다든가 어패류 육수를 사용해서 익힌 리조토 위에 얇게 자른 생선 카르파치오를 올려 약간 열을 준 상태로 먹는 베리에이션이 나오고 있지만, 맛만 있다면 흠잡을 필요가 없다.

레스토랑에 가면 리조토는 대부분 "2인분 이상부터 주문 가능하다."라고 쓰여 있다. 리조토는 1인분으로 만들게 되면 충분히 익히기 어렵고 앞에서 말한 '일체감'이 나오지 않는다.

그래서 먹고 싶은 리조토가 있어도 혼자서는 주문할 수 없다. 그럴 때 일행 중에 "그럼 나도 리조토로 할게."라고 말해주는 친구가 있으면 갑자기 이 자식, 좋은 녀석인데, 하는 타산적인 생각이 든다.

리조토의 동료들

엄밀하게 말하면 리조토는 아니지만, 영화 〈리조 아마로(쓰디 쓴 쌀)〉[역주2]로도 유명한 피에몬테 주의 쌀 재배지역 베르첼리 현, 노바라 현[24]의 전통적인 쌀요리에 파니사(또는 파니시아)가 있다. 이것은 돼지 족발, 돼지 비계를 넣어 숙성시킨 살라미, 사보이 양배추[25], 강낭콩, 양파, 당근, 셀러리 등을 쌀과 함께 익혀 만드는, 리조토에 가까운 상당히 리치한 요리다. 여기에는 본고장의 음영이 풍부한 엄격한 레드 와인이 절묘하게 매치된다. 여기에는 파르미지아노 치즈를 첨가하지 않는다.

베네토 주도 쌀을 많이 소비하는 주인데, 리조토도 자주 먹는다. 쌀과 완두콩을 함께 익힌 소박한 리지 에 비지는 대표적인 베네토 요리로, 육수를 끓이면서 쌀을 넣기 때문에 리조토의 중요 단계인 토스타투라가 없어 리조토라고는 하지 않는다.

전반적으로 베네토 주에서는 리조토라기보다 쌀이 들어간 걸쭉한 수프 같은 맛을 좋아하는 것 같다. 일본에서 유명한 이카스미 리조토는 베네치아를 방문하는 관광객의 단골 요

[역주2] 1949년에 만들어진 이탈리아 영화로 주세페 디 산티스 주연 감독. 이탈리아 북부의 쌀 재배지역에는 5월 모내기철이 되면 각계 각층의 여자들이 돈을 벌기 위해 온다. 이들의 사랑, 미움, 배신, 그리고 여인들의 애환을 그리고 있다.

[24] 동시에 피에몬테 주 북동부에 있는 현.

[25] 사보이 양배추라고도 불린다. 쭈글쭈글한 이파리가 있으며 약간 단단해서 삶는 데 적절하다. 일본에서는 그다지 보이지 않지만, 유럽 시장에서는 보통 토마토나 양파와 함께 팔고 있다. (사진 오른쪽 아래)

리인데, 원래 본고장에서는 그다지 많이 먹는 요리는 아니다.

시칠리아인의 소울 푸드 아란치노

이탈리아 북부의 전통적인 리조토 문화권을 떠나면 쌀을 안 먹겠지 , 하고 생각하겠지만 꼭 그렇지도 않다. 갑작스럽게 유명한 쌀 요리가 나타나기도 한다.

그 좋은 예가 시칠리아 요리의 상징이기도 한 아란치노(또는 아란치나) 디 리조[26]다. 간단히 말하면 커다란 쌀 고로케로, 야구공보다도 크고 손으로 잡으면 묵직하다. 구형을 하고 있지만, 한쪽 끝은 약간 원추형으로 되어 있어 들기 쉽다.

아란치노는 다양한 맛이 있지만, 고전적인 아란치노는 알 라구라고 부르는 사프란 라이스(또는 버터 라이스) 한가운데에 미트 소스와 완두콩을 넣은 것이다. 버터와 모차렐라(경우에 따라서는 닭고기도)를 넣은 알 불로도 뿌리 깊은 인기가 있다. 이 외에 시칠리아의 명물인 피스타치오 소스를 사용한 것이나 시금치를 넣은 것 등 무수한 베리에이션이 있다.

아란치노는 전형적인 서서 먹는 스낵으로, 주로 바에서 팔고 있다. 라구나 버터 등 동물성 지방을 듬뿍 사용한데다 기름으로 튀긴 것이므로 상당히 칼로리가 높고 위에 부담이 되지만 와인을 시음한 뒤에 맹렬히 먹고 싶어지는 음식 중 하나다.

나는 와인 가이드북에서 시칠리아 지역을 담당하고 있기 때문에 매년 2~3회 시음을 위해 팔레르모[27]와 카타니아[28]에 머무는데, 아란치노가 맛있는 식당을 몇 집 체크해 두었다

[26]. 아란치노 디 링고. 이것은 약간 작은 것이 상등품이다. 안에는 오른쪽 사진처럼 쌀이나 미트소스가 들어 있다.

가 시음이 끝나면 급히 달려가 아란치노 두 개를 볼이 미어지게 입에 밀어 넣을 때가 무엇보다 즐겁다. 공항에서도 팔고 있으므로 사서 비행기 안에서 먹는 본고장 사람을 자주 목격하게 된다. 틀림없이 시칠리아를 대표하는 소울 푸드다.

이탈리아에 최초로 쌀이 전해진 것은 사라센인[29]이 시칠리아를 지배하고 있던 시대라고 하는데, 물이 적은 시칠리아에서는 결국 벼농사는 발전시키지 못하고 훨씬 뒤에서야 북부 이탈리아에 뿌리를 내렸다. 아란치노만이 그러한 역사의 기억을 생각나게 해주는 음식으로 남아 있다.

아란치노의 베리에이션이 로마에서 먹는 작은 쌀 고로케, 수플리 알 텔레포노(또는 수플리 디 리조)다. 쌀에 고기와 버섯 등을 섞어서 튀긴 작은 고로케로, 먹을 때 안에 들어 있는 모차렐라가 실처럼 늘어져 그것이 전화(텔레포노) 선처럼 보이기 때문에 이런 이름이 붙었다고 한다.

피제리아에서 전채로 자주 먹는데 위풍당당한 아란치노와 비교하면 약간 차분한 인상을 준다.

---

27. 시칠리아 주의 주도.
28. 시칠리아 동부 이오니아 해에 면한 마을로, 팔레르모 다음가는 시칠리아 제2의 도시다.
29. 중세 유럽에서 이슬람교도를 가리키는 단어. 9세기부터 11세기에 걸쳐 시칠리아를 지배했다.

이탈리아의 다양한 쌀 요리

어느 날 갑자기 남부에 꽃을 피운 쌀 요리로 유명한 나폴리의 사르투 디 리조가 있다. 이것은 준비에 몹시 손이 가고 시간이 걸리는 복잡한 요리로, 나폴리 왕국의 부르봉 가의 호화스러운 궁중요리다.

익힌 쌀에 미트볼, 소시지, 닭 내장, 모차렐라, 프로볼라[30], 버섯, 완두콩 등을 섞어 커다란 도넛 모양 틀에 넣어 오븐에 굽는다.

옛날에는 나폴리의 레스토랑에서 일요일에 준비해두었던 것인데 손이 너무 간다는 이유로 지금은 사라져버렸다. 쌀 대신에 마카로니를 사용한 팀발로 디 마케로니 역시 사르투 디 리조와 유사한 궁중요리로, 이것도 귀족적인 요리 중 하나다.

비교적 새롭게 이탈리아에 보급되고 있는 쌀 요리로 인살라타 디 리조가 있다. 문자 그대로 쌀 샐러드로, 차갑게 해서 먹는다. 익힌 쌀을 올리브 오일, 비네거(또는 레몬)에 무쳐서 오일에 절인 참치, 모르타델라(또는 보통의 소시지), 치즈(모차렐라나 에멘탈이나 그뤼에르), 피망, 검은 올리브, 완두콩, 토마토, 오이 등을 넣어 냉장고에 약간 재워두어 맛을 내면 되는 간단한 요리다.

기호에 따라 재료는 자유롭게 변화시킬 수 있다. 일단 있으면 편리한 요리로, 주로 여름에 먹는다. 누구나 간단하게 만들 수 있고 실패도 적은 요리지만 식료품점의 단골 메뉴로 반드시 놓여 있는 것을 보면 이탈리아인도 직접 요리해서 먹는 사람이 줄어드는 것 같다.

---

[30] 이탈리아 남부에서 만들어지는 모차렐라와 닮은 커다란 치즈.

이탈리아식 포크 사용법

리조토는 쌀과 쌀이 들러붙어 일체화되어 있는 것으로, 포크로 먹을 수 있는 것이 특징이다. 국물이 없으므로 스푼을 사용할 필요가 없다.

이탈리아인은 대부분 포크를 좋아해서 스푼은 사용하지 않는다. 파스타를 먹을 때도 물론 사용하지 않는데, 시칠리아에서 먹을 수 있는 쿠스쿠스 등 약간 부슬부슬해서 스푼을 쓰는 것이 편리하게 생각되는 요리도 왠지 완강하게 포크로 먹고 있다. 전채를 먹을 때도 대부분 포크밖에 사용하지 않는다.

레스토랑에서는 제대로 전채용 포크와 나이프를 준비하고 있지만, 나이프는 거의 사용하지 않은 채로 남아 있다. 포크만으로 먹기 어려울 때는 그리시니[31]를 사용해서 요리를 포크에 얹어 먹기도 한다.

이탈리아인의 또 다른 특징은 파스타를 먹을 때 포크를 드는 방향이 상하 반대인 점이다. 보통 때는 손바닥을 위로 향해 포크를 엄지와 집게손가락, 중지 사이에 끼우지만, 파스타를 먹을 때는 포크를 위에서 잡는다. 오른손잡이는 오른손 주먹을 앞으로 돌출시켜 위에서 포크를 철봉 잡듯이 잡는다. 이것은 이탈리아에서도 예의범절에 어긋난 방법이지만, 많은 사람이 이렇게 하고 있다.

보통의 쥐는 법이라면 파스타를 손의 앞쪽으로 돌리지만, 주먹을 쥐게 되면 반대쪽으로 돌리게 된다. 이 주먹잡기는 대량의 파스타를 단번에 흡입하기에 좋다. 우아하게 조금씩

---

[31] 스틱 모양의 크래커 같은 빵의 일종. 단단하고 가늘고 길게 생겼다.

먹는 것이 아니라 한 번에 확 먹어버리는 데 적합하다.

카르보나라나 아마트리치아나[32]는 그렇게 먹는 쪽이 '듬뿍 먹는 느낌'이 나온다. 마치 밥공기를 손에 쥐고 젓가락으로 밥을 입에 쓸어 넣는 것 같은 느낌일 것이다.

결코 좋은 예의범절은 아니겠지만 몇몇 요리는 그쪽이 맛있게 느껴지는 것이 신기하다. 반복하지만, 이탈리아에서도 좋은 예의범절은 아니므로 흉내는 내지 않는 것이 좋다.

거친 것은 환영의 표시?

테이블 매너에 대해서 말하자면 서비스하는 측에도 상당히 호쾌한 사람들이 있다.

시골의 서민적인 트라토리아에 가면 사람 좋아 보이는 아가씨가 요리를 가져 와서 "네에, 비스테카 시키신 분?" "뿔닭 시키신 분?"이라고 묻고는 손을 들면 건네주는데, 거의 접시를 내던지는 듯한 느낌이다. 물론 절대 기분 나쁜 것은 아니라 화낼 일은 아니지만, 식기를 공손히 취급한다는 개념이 도대체 없는 것 같다.

이탈리아인 친구는 일본에 오면 충격을 받고 "어째서 일본인은 어떤 가게에 가도 저렇게 공손하고 정중하지?"라고 놀라는데, 굳이 말하자면 이쪽이 오히려 이탈리아인의 '거친 환영'에 놀란다.

일본 같으면 당연히 식기에 혼이 들어 있는 것처럼 다뤄야 하는데, 흡연율이 높던 시절 이탈리아에서는 디저트를 먹은 접시가 그대로 갑자기 재떨이로 변하는 것도 아주 흔한 일

---

32. 구안치알레(돼지 볼 살을 염장한 것)나 판체타(돼지 삼겹살을 염장한 것), 토마토, 페코리노 치즈를 사용한 파스타 소스. 라치오 주 리에티 현의 명물로 로마에서도 많이 먹는다.

이었다.

일본에 온 이탈리아인에게 처음으로 충고해주는 것은 "명함은 건넬 때도 받을 때도 정중하게 다뤄야 한다."라는 것이다. 그렇게 말해두면 자신의 명함을 표창처럼 상대에게 던지거나 받은 명함을 툭하고 테이블 위에 던지는 일이 없어진다.

반복해서 말하지만, 일부러 특별히 행동거지가 안 좋은 사람 이야기를 하는 것이 아니다. 습관의 문제다. 나라마다 버릇이라는 것이 있어 유럽에서도 이탈리아인과 프랑스인은 하는 행동이나 말하는 방법 등이 어딘가 달라서 알아차리기 쉽다.

영토를 정복했던 것은 북부, 식탁을 정복한 것은 남부

근대 국가로서 이탈리아 통일은 피에몬테 주의 사보이아 가[33]에 의해 이루어졌으며 롬바르디아 주도 통일운동이 왕성했던 곳이었다. 가리발디[34]가 통솔한 천인대(붉은 셔츠단)가 마르살라[35]에 상륙해서 시칠리아를 제패하고 나폴리로 북상하면서 나폴리의 양시칠리아 왕국[36]은 붕괴하였다. 그리고 이탈리아는 통일로 향하게 되었다.

이것은 이탈리아 남부 사람의 말을 빌리면, "북부 녀석들에게 정복되었다."라고 하지만, 통일된 이탈리아 왕국의 식탁을 정복한 것은 남부의 요리였다. 당시 폴렌타와 쌀을 먹고 있던 북부 사람들은 지금까지 먹어본 적도 없었던 토마토소스 스파게티나 피자가 꿈만 같았다.

---

[33] 이탈리아 피에몬테, 프랑스의 사부아를 지배하고 있던 왕가. 이탈리아 통일의 원동력이 되어 통일 후 이탈리아 왕국의 왕가가 되었다.
[34] 주세페 가리발디(1807~82). 이탈리아 통일에 큰 공헌을 한 군인.
[35] 시칠리아 섬 서부의 마을. 주정강화 와인인 마르살라로 유명하다.
[36] 19세기 나폴레옹 전쟁 이후 나폴리 왕국과 시칠리아 왕국이 합병되어 만들어진 왕국.

거기에 반해 남부 사람은 자신들 요리의 우월성을 믿어 의심치 않았고 북부 요리에 영향받은 것은 거의 없었다. 북부가 발상지인 리조토도 가끔 레스토랑에서 볼 수 있지만, 일반 가정에는 뿌리내리지 않고 있다. 정치적으로는 북부가 남부를 정복했지만, 식탁에서는 남부가 압승한 것 같다. 파스타나 피자는 지금은 둘 다 이탈리아 국민 음식이 되었다. 이탈리아의 식탁 통일을 아주 간단하게 실현해버린 것이다.

이야기가 조금 옆으로 새긴 하지만, 남부에 의한 이탈리아의 문화적 통일의 영향도 놓칠 수 없다. 오늘날 우리가 '이탈리아적'이라고 느끼는 습관, 행동 규범 등은 본래 남부 이탈리아 것인 경우가 많다. 지금에야 너무 진부한 스테레오 타입이 되어버렸지만, "Amore, Cantare, Mangiare(사랑하고, 노래하고, 먹고)"라는 향락적, 찰나적, 그리고 느긋한 라이프스타일도 태양의 혜택을 받은 남쪽이기 때문에 가능한 것으로, 안개에 휩싸인 추운 겨울을 이겨내야만 했던 북부 이탈리아인과는 인연이 없었던 것이다. 그러던 것이 통일에 의해 점점 북상을 시작하여 지금은 밀라노 사람까지 "그게 우리 이탈리아인인걸요."라는 듯이 이러한 라이프스타일을 자랑하고 있다.

피에몬테 주 취재에서 돌아오는 길이나 밀라노 마르펜사 공항으로 향할 때는 고속도로에서 베르첼리 현의 논농사 지대를 통과한다. 9월에 탐스럽게 열매가 열린 황금색 벼 이삭이 바람에 흔들리는 것을 보면, 역시 일본인으로서 감동하게 된다.

일본에서라면 가을의 풍경을 읊는 시가 되겠지만, 이탈리아는 아직 여름의 일교차가 강하게 느껴져 이런 면에서 풍토의 차이가 느껴진다.

일곱 번째 **7** 요리

Pizza
피자

세계인에게 사랑받는 피자

스파게티와 나란히 가장 많이 알려진 이탈리아 요리 중 하나가 피자다. 피자는 나폴리에서 시작된 먹거리지만 지금은 전 세계에서 먹고 있으며 심지어 이탈리아 요리라는 것마저 모르고 먹는 사람도 많다.

피자의 매력은 무엇보다 그 소탈함일 것이다. 오후의 간식으로 먹어도 좋고 가벼운 식사로도 좋다. 피제리아에 앉아서 동료와 와구와구 먹는 것도 좋고 테이크 아웃해서 서서 먹어도 좋다. 최근에는 이탈리아에서도 택배 피자가 늘고 있어 텔레비전으로 축구 시합을 볼 때 많이 찾는 상품이 되고 있다.

'본가'에서는 재료는 4가지만, 밀대로 늘리는 것은 엄금

피자는 극히 심플한 빵 생지를 원반형으로 늘려서 고온의 화덕에서 구운 것이다. 사용하는 것은 밀가루, 물, 소금, 이스트뿐이다. 진짜 피자는 생지에 올리브 오일 등의 기름을 넣지 않는다.

발효에 관해서는 다양한 견해가 있다. 본래는 24시간 이상 걸려 천천히 발효하는 방법이 좋지만, 하루에 피자를 몇백 장씩 굽는 피제리아에서는 그렇게 느긋하게 일할 장소와 시간적 여유가 없으므로 4~8시간 정도 발효 후에 굽는 곳이 대부분이다.

발효를 마친 생지를 1인분 분량씩 구형으로 만들어 두고 주문이 들어오면 손바닥으로 원반 형태로 늘려 굽는다. 이때 밀대를 사용하지 않는 것이 나폴리식이다.

원래의 모습으로 돌아가려는 생지를 손바닥으로 늘리면서 민첩하게 원반 형태로 정형해 간다. 그때 오른쪽 팔과 왼쪽 팔로 생지를 왔다 갔다 던지기도 하고 공중으로 빙빙 돌리기도 하는 화려한 '기예'를 사용하는 피자 장인도 있다. 처음에는 생지를 잘 늘리고 공기를 집어넣는 등의 실용적인 용도였던 이 '기예'가 지금은 볼거리로 독립해서 아크로바트 피자 선수권이 개최되어 단체전까지 치러지고 있다.

피자의 '주역'과 '조역'

생지가 잘 정형되면 토핑을 얹는다. 파스타 장에서도 리조토 장에서도 반복해서 말하지만 피자도 토핑은 어디까지나 조연이며 주역은 피자 그 자체이다. 피자 그 자체의 맛을 즐기는 것이 주안점이고 토핑은 그것을 끌어낼 수 있으면 된다.

그래서 피자 토핑도 심플한 것이 바람직하다. 토마토, 모차렐라, 바질리코, 안초비, 오레가노, 올리브 오일 등이 기본이다.

토핑이 끝나면, 올리브 오일을 위에 살짝 뿌려 고온의 화덕에서 단숨에 구워낸다. 보통 섭씨 400도 이상의 화덕에서 1분에서 1분 30초까지 굽는데, 여기서는 뜨거운 열을 사용하는 점이 중요하다. 단시간에 구워내는 동안 약간 타서 바삭한 냄새가 날 정도가 되어야 부드럽게 팽창한 피자가 만들어진다.

그러기 위해서는 장작 화덕[1]을 최고로 친다. 특히 나폴리에서는 장작 화덕이 필수지만, 최근에는 가스 화덕도 성능이 좋아지고 있다. 피자를 구워내고 나면 화상을 입을 정도로 뜨거운 열을 즉시 즐기는 것이 피자를 맛있게 먹는 방법이다.

피자를 만드는 것은 어째서 장인의 기술인가?

피자는 "심플하지만 맛있다."라는 이탈리아 요리의 본질에 충실한 요리지만, 극단적으로 심플한데다 사람마다 다양한 '고집' 같은 것이 있어 무엇이 진짜 피자인지, 무엇이 진짜 나폴리풍 피자인지를 끊임없이 갑론을박하는 논의가 활발하게 계속되고 있다.

우선 생지에 사용하는 밀가루가 중요한데, 이탈리아에서는 '00타입[역주1]' 이라 불리는 박력분을 주로 사용하지만, 여기에 '마니토바[2]' 라고 하는 북아메리카산 강력분을 블렌드 하는 사람도 있다.

이는 제2차 세계대전 말기에 연합군이 가지고 온 밀가루를 블렌드하면 피자가 더 향기롭게 구워졌다는 데서 생겨난 습관이다. 물론 여기에 다른 타입의 밀가루를 블렌드하는 장인도 있다.

밀가루 블렌드 방식이 피자의 부드러움, 강도, 향기 등에 미묘하게 영향을 주기 때문에 각각의 가게마다, 또 각각의 피자 장인마다 다른 맛이며 '기업비밀' 급이다.

1. 피자 장작 화덕

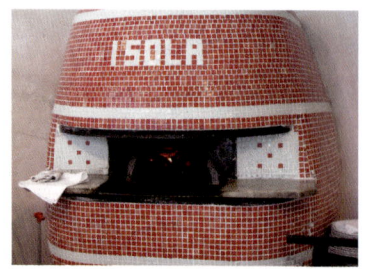

역주1. 이탈리아에서 매기는 밀가루 등급. 연질소맥분(박력분)은 Tipo 00, 0, 1, 2과 통밀로 등급을 매긴다. 00이 2에 비해 분쇄도가 곱게 제분되어 있으며 글루텐 함량도 높다고 보면 된다.

2 마니토바는 캐나다 주 이름이지만, 나폴리에서는 북아메리카산 강력분을 총칭해서 마니토바라고 부른다.

역주2 가쓰오부시와 다시마 멸치 등을 기본으로 끓이는 일본 요리의 국물.

다만, 생지는 살아 있는 것이기 때문에 쓰인 배분 대로한다고 해서 항상 같은 결과가 얻어지지는 않는다. 온도, 습기, 기압 등에 따라 미묘한 조정이 필요하다. 그런 점에서는 일본의 '다시[역주2]'와 닮았을지도 모른다.

피자 장인은 익숙한 밀가루가 아니면 아무래도 잘 안 된다면서 자신이 원래 수업했던 가게에서 사용하던 밀가루를 사용하는 사람이 많다. 객관적인 배분보다는 감에 의존하는 부분이 많은 장인 기술이기 때문이다.

'본가' 나폴리풍과 로마풍의 차이

다음은 피자의 정형 방법인데, '본가' 나폴리풍[3]에서는 손으로 생지를 늘리는 것이 반드시 지켜져야 할 룰로 되어 있다. 손으로 가운데쪽 생지를 바깥쪽으로 밀면 원반형의 피자 가장자리 부분이 약간 두꺼워져 구울 때 가장자리가 부풀어올라 액자 틀같이 된다.

코르니치오네라 불리는 이 부분의 유무가 나폴리풍인지 아닌지를 나누는 기준이 된다. 피자 가운데 부분은 바삭하고 향기롭게 구워져 있고 코르니치오네 부분이 부드럽게 부풀어 쫄깃한 식감이 있는 것이 나폴리풍의 진수로, 두 가지 촉감을 즐길 수 있는, '한 번에 두 가지 맛의 느낌'이 있는 즐거운 피자다.

여기에 대해 생지를 나무 밀대를 사용해서 늘리는 로마풍[4]은 얇고 크리스피한 맛이다. 당연히 코르니치오네는 만들어지지 않는다. 본가 나폴리풍을 고집하는 사람들은 "저것은

3. 생지를 손으로 늘리는 나폴리풍 피자.

4. 생지를 나무 밀대로 늘리는 로마풍 피자.

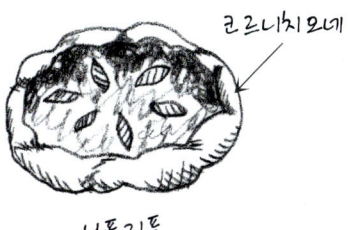

피자도 아니야."라면서 로마풍을 경멸한다. 확실히 로마풍은 위에 올린 토핑과 피자를 함께 먹는 느낌으로, "피자 자체의 맛을 철저하게 만끽했다."라는 만족감이 적다.

다만, 로마풍은 로마풍의 맛이 있고 흠을 잡아 공격할 정도는 아니다. 사람마다 기호대로 자유롭게 즐기는 것이 이탈리아 요리의 매력이기 때문이다.

무수하게 존재하는 다양한 토핑

위에 올리는 토핑에 따라 다양한 이름의 피자가 존재한다.

가장 기본이 되는 것이 마리나라(뱃사람풍)인데, 토마토, 마늘, 오레가노, 바질리코를 올린다. 배를 탈 때 가져가기 쉽고 오래 보관할 수 있는 재료를 사용해 어부들이 즐겼다고 하며, 이름에서 상상이 되는 것처럼 어패류가 들어 있지는 않다. 손쉽게 손에 넣을 수 있는 남부 이탈리아의 식재료가 절묘하게 조화되어 피자로 훌륭하게 종합시켜 준다.

가장 유명한 피자는 토마토, 모차렐라, 바질리코가 올려진 마르게리타일 것이다. 모차렐라가 들어가면 일반적으로 받아들이기 쉬운 맛이 된다. 지금이야 피자라고 하면 모차렐라지만, 원래 사용되던 치즈는 페코리노나 프로볼라로, 모차렐라가 주류가 된 것은 비교적 최근이다.

마리나라 이상으로 원형에 가깝다고 하는 것이 알 포르마지오인데, 라드, 페코리노(가루로 만든 것), 바질리코가 들어간 심플한 피자다. 이 피자가 생지의 실력이 가장 확실하게 나오는 피자일지도 모른다.

토마토, 모차렐라에 안초비를 얹은 나폴리타나도 인기가 있지만, 정작 나폴리에서는 로마나(로마풍)라고 불리고 있다. 이 정도가 나폴리풍을 고집하는 '정통주의자'가 허락하는 심플한 피자지만, 실제로는 이 외에 무수히 많은 베리에이션이 있다.

콰트로 스타지오니[5], 카프리치오자[6] 등의 믹스 피자도 인기 있고 구워낸 후 생 햄을 올리는 피자도 있다. 살라미, 햄, 소시지, 올리브, 아티초크, 계란 등을 각각 다양하게 조합한 것도 즐긴다. 다만, 이것들은 나폴리풍을 고집하는 사람들로서는 당연히 용서할 수 없는 '사도邪道'다.

이 외에도 제대로 된 피제리아라면 "모차렐라 조금, 올리브 오일을 많이 넣어 약간 강하게 구워 주세요."라는 식의 손님의 요구에 응해준다. 마치 일본의 라멘집이 "마늘 빼고, 면은 딱딱하게, 파 많이" 등의 요구에 응해주는 것 같은 느낌이다.

최근에는 기묘한 디저트 피자도 등장하고 있다. 서양배를 토핑하거나 유명한 누텔라(초콜릿과 헤이즐넛으로 만든 페이스트)를 바른 것도 있다. 이 경우는 생지에 꿀을 약간 더하기도 한다.

이는 많은 개수(10~12종류)의 피자를 풀 코스로 해서 서비스하는 피제리아가 늘고 있는 것과도 관계가 있다. 이것도 나폴리풍을 고집하는 사람은 화를 낼 '모독'이겠지만, 이것으로 피자 문화가 좀 더 확장된다면 즐겁게 받아들이고 싶다.

---

[5] 토마토, 모차렐라, 샹피뇽 버섯, 햄, 아티초크 등을 믹스한 피자인데 4분의 1씩 다른 재료가 토핑된다.
[6] 토마토, 모차렐라, 샹피뇽 버섯, 햄, 아티초크 등을 믹스한 피자로 모든 재료가 믹스되어 토핑된다.

빵? 크레이프? 피자 변형의 이모저모

피제리아에서 먹는 클래식한 피자와는 완전히 다르지만, 잘라서 파는 피자로 피자 알 탈리오라고 불리는 것이 있다.

커다란 철판에 펼쳐서 구운 피자를 손님의 요구대로 잘라서 파는 것인데, 잘라서 파는 피자집에 가면 5~10종류의 피자가 유리 케이스에 진열되어 있어 비교해 보며 주문하는 것이 가능하다. 원하면 따뜻하게 데워주기도 한다. 주문하면 원하는 크기로 잘라주고 무게를 재어 피자 값을 받는 방식이다. 피제리아의 피자와 비교하면 매우 두껍고 수분이 많은 피자로, 빵에 더 가깝다. 실제로 빵집에서도 팔고 있다.

피자의 변형인 '닫힌 피자' 칼초네는 피자를 반으로 접어서 반달 모양으로 구운 것으로, 안에는 모차렐라, 생 햄, 리코타, 파르미지아노 등을 넣는다. 이것은 나폴리풍을 고집하는 사람들에게도 받아들여지는 '정통스러운 변주곡' 이다.

빵 생지를 얇게 늘려서 구웠을 뿐인 피자는 심플할 뿐 아니라 비슷한 먹거리가 이탈리아 전역에 있기도 하다. 가장 유명한 것은 리구리아 주나 토스카나 주에서 먹는 포카치아[7]로, 두껍게 잘라서 파는 피자 같이 생긴 것에 굵은 소금만 뿌려져 있는 심플한 것이다. 양파, 로즈마리 등을 얹은 베리에이션도 있지만, 기본적으로는 심플하다.

시칠리아의 스핀치오네[8]도 두꺼운 피자로, 부드러운 스펀지 같은 촉감이 특징이다. 토마토소스, 드라이토마토, 양파, 안초비, 오레가노, 카치오카발로[9]를 얹은 것이 많다. 팔레

7. 포카치아.

8. 한입 사이즈로 잘라진 스핀치오네. (오른쪽 사진)

9. 이탈리아 남부에서 만들어지는 세미 하드 타입 치즈. 독특한 표주박 모양을 한 것이 많다.

르모가 유명하지만, 시칠리아에서도 먹고 있다.

로마냐 지방에서 먹는 피자디나는 얇게 구운 크레이프 같은 빵으로, 생 햄 등을 끼워서 먹는다. 생지에 효모가 들어 있지 않은 것이 특징이며 중동 지방에서 먹는 피타^{역주3}를 떠올리게 한다.

이탈리아를 벗어나면 미국에서 별미 먹거리로 변신하여 태어난 아메리칸 피자의 거대한 패밀리가 있는데, 이것도 대단히 흥미 깊은 현상이지만 본서의 주제에서 벗어나므로 자세한 것은 다루지 않도록 하겠다. 다만, 미국인 대부분은 피자가 미국에서 탄생한 요리라고 생각하고 있다는 점을 지적해두고 싶다.

피자의 역사를 따라가면…

그런데 피자의 역사로 말하자면, 그 기원은 잘 알려져 있지 않다. 이집트, 그리스, 로마에도 포카치아 같은 것은 있었다. 나폴리에서 피자의 기원으로 보는 것은 야외에서 팔던 라드^{역주4}를 바른 심플한 빵을 말하는데 그것을 평평하게 늘린 것이 피자가 되었다고 한다.

처음에는 토마토를 얹지 않은 피자 비안카(흰색 피자)가 중심이었지만, 19세기에 나폴리에서 토마토 열풍이 높아짐에 따라 토마토를 사용하는 것이 주류가 되었다.

미식가로도 알려진 알렉상드르 뒤마[10]가 나폴리를 방문한 1835년에 쓴 글이 남아 있는데, 그에 따르면 나폴리에서는 "마케로니[11]보다 피자를 먹고 있었다."라고 한다. 당시 토

역주3. 지중해와 중동 지방에서 주로 먹는 납작한 빵.
역주4. 돼지고기의 지방을 정제하거나 녹여서 만든 기름.
10. 19세기 프랑스 소설가. 동명의 아들과 구별하려고 '아버지'가 붙기도 하고 '큰 뒤마'라고도 불린다. 《몽테크리스토 백작(암굴왕)》 등 베스트셀러가 많다. 미식가로도 유명하다. (오른쪽 그림)

11. 현재는 쇼트 파스타를 의미하는 경우가 많지만, 나폴리에서는 선조 파스타 전체를 가리키는 의미로 사용되고 있다. (지금도 이런 식으로 사용하는 사람도 있다.)

알렉상드르 뒤마

핑은 오일, 라드, 토마토, 치즈, 작은 물고기 등이 주가 되었다.

1861년, 이탈리아 통일에 따라 피자는 점점 반도 전체로 퍼지기 시작했다. 가장 큰 전환점은 1889년 이탈리아 왕비 마르게리타의 나폴리 방문이다. 피자 장인 라파엘레 에스포지토[12]가 바친 마르게리타는 토마토의 붉은색, 모차렐라의 흰색, 바질리코의 녹색 등 이탈리아 국기의 트리코로레(3색)을 상징하여 이것을 왕비가 크게 마음에 들어 함으로써 피자가 단숨에 지명도를 올리게 되었다.

피자는 본래 야외에서 파는, 서서 먹는 음식이었다. 그 후 전문점이 생기고 카운터에서 판매하여 테이크 아웃하는 스타일이 주류가 되었다. 이 전통은 지금도 살아 있어 나폴리에서는 많은 피제리아가 테이크 아웃이 가능하며 피자를 4등분으로 잘라서 건네준다. 앉아서 먹는 현재의 피제리아의 역사는 비교적 최근의 일로, 지금 정도로 이탈리아 전역에 퍼진 것은 1960년대 이후다.

피자가 대인기가 된 배경

피제리아 대성공의 원인은 식생활의 변화다. 이탈리아의 전통적인 레스토랑에서의 식사는 전채인 안티 파스토, 프리모라 불리는 파스타와 리조토, 수프, 세콘도라 불리는 고기나 생선의 메인 디시, 디저트인 돌체 네 가지 요리로 구성되는데 예전에는 레스토랑에 들어가면 거의 이 네 가지 요리를 먹는 것을 강요당하는 분위기였다.

---

[12] 나폴리의 피제리아 〈브란디〉의 피자 장인으로 1889년에 피자 마르게리타를 발명하였다고 한다.

그러나 생활의 근대화와 식사의 경량화로 옛날 레스토랑의 형태는 매일 다니기에는 적합하지 않게 되고 있다. 특히 전통적인 이탈리아 식사의 최대 문제점은 시간이 너무 걸린다는 점이다. 취미와 오락이 다양화된 젊은이는 더 짧은 시간에 자유롭게 식사를 즐길 수 있는 장소를 찾고 있었다.

피제리아가 급속하게 확대된 1960년대는 마침 이탈리아에서도 전통적인 지중해적 가부장제 가치관이 붕괴되고 젊은이가 자신들의 가치관을 주장하기 시작한 시대다. 식사의 순서나 먹는 법 등 규칙이 몹시 많은 지루한 부르주아적 가족 전원 모임의 식탁에 대해 '이의 주장'이 시작되고 있었다.

보다 캐주얼하고 평등하며 소탈한 피자는 바야흐로 그러한 시대의 요구에 부합했다. 피제리아는 학생운동이나 히피 등의 언어가 유행했던 그리운 시대의 냄새가 어딘지 나는 용어다.

피자를 '올바르게' 먹는 법

그런데 피자 먹는 법을 보면, 일반적으로는 나눠먹지 않는 것이 전통이다. 각자 가장 먹고 싶은 피자를 선택해서 그것에만 집중해서 만끽하는 것이 '정통스러운' 먹는 법이다.

최근에는 피자집에서도 "여러 가지 타입의 피자를 먹고 싶다."라는 요구에 부응해 피자만 풀 코스로 제공하는 가게도 생기고 있다고 앞에서 말했지만, 이것은 정도가 아니라고 생각하는 사람도 많다.

나폴리풍 피자의 테두리는 생지의 맛을 즐기는 데 절대적인 요소지만, 이탈리아인 중에도 이것을 잘라내 남기고 중심부만 먹는 사람이 많다. 특히 나폴리 이외의 지역에서는 이러한 사람이 대단히 많은데, 황망한 일이다.

피제리아에서는 고로케, 해초를 넣은 튀긴 빵, 채소 프라이 등 매력적인 전채를 내는 곳도 많지만, 될 수 있는 한 적게 먹고 피자에 집중하는 것이 왕도다. 전채를 지나치게 먹어 피자를 만끽할 수 없다면 스시집에서 반찬을 지나치게 먹어 스시가 들어가지 않는다는 것과 마찬가지로 세련되지 못한 일이다.

피자를 먹을 때 음료수라면 맥주가 압도적으로 인기다. 코카 콜라나 스프라이트를 마시는 사람도 많다. 와인이라면, 아스프리니오 종[13]을 사용한 가벼운 스파클링 와인, 그라니아노[14]의 미발포성 레드 와인이 전통적으로 사랑받고 있다. 역시 피자에는 가벼운 주스 같은 와인이 매치되며 고급스러운 와인은 어울리지 않는다.

---

[13] 캄파니아 주의 화이트 와인 포도 품종. 가벼운 와인을 만들며 스파클링 와인으로 만드는 경우도 많다.

[14] 파스타 산지로 유명한 캄파니아 주 그라니아노에서 만들어지는 와인, 붉은색의 미발포성 가벼운 것이 많고 피자에 어울린다.

'룰 파괴'에 즐거움을 느끼는 이탈리아인

피자를 만끽한다면 역시 나폴리로 가는 것이 최고겠지만, 나폴리를 여러 번 가도 아무래도 적응이 안 되는 것은 차가 빨간 신호에서 멈추지 않는다는 것이다. 그러기는커녕 이쪽이 빨간 신호에서 멈춰 있으면 뒤에서 맹렬하게 항의하는 경적이 울린다. 여기서는 신호가 있다는 의미가 전혀 없는데, 아무래도 모든 규칙을 지키지 않는 나폴리인다운 에피소드다.

나폴리인이 특히 그렇지만, 나폴리 외에도 이탈리아인에게 공통되는 흥미로운 특징은, "룰을 파괴하는 것에 기쁨을 느낀다."라는 것이다. 기본적으로 결정된 규칙이라는 것에 깊은 혐오감이 있는 것 같다. 이것은 오랜 기간 정복자에게 지배를 계속 받아왔던 역사를 생각하지 않으면 이해할 수 없는 특징이다.

시칠리아를 예로 들어보면, 지중해 한가운데 위치한 이 섬은 고대부터 페니키아인, 그리스인, 카르타고인, 로마인, 아랍인, 노르만인, 프랑스인, 스페인인 등 다양한 민족의 지배를 받아 왔다. 그리고 시칠리아인의 말을 들어보면, "가리발디[15] 이후에는 피에몬테에 지배되고 있다."라는 것이다.

언제나 정복자에게 지배되고 있는 인간에게 있어 그때의 정부=정복자가 결정한 법률을 지킨다는 것은 정복자의 우월성을 인정하고 그 지배에 굴하는 것이다. 이탈리아인에게 그것은 받아들이기 어려운 일이다.

---

15. 주세페 가리발디(1807~1882). 이탈리아 통일의 영웅으로, 시칠리아 섬의 마르살라에 상륙해서 나폴리의 양시칠리아 왕국을 넘어뜨렸다.

물론 정복당했기 때문에 표면상으로는 따르지 않을 수 없지만, 배후에서는 기회가 생기면 금방이라도 반항의 싹을 내밀어 자신을 잃지 않으려 한다.

이탈리아의 영웅은 '악역'?

그래서 시칠리아에서도 캄파니아에서도 민중의 영웅은 늘 의적이었다. 지배자에게 반항할 수 없는 민중을 대신하여 정복자에게 반항하는 영웅이다.

전후 시칠리아의 의적이 되었던 살바토레 줄리아노[16]도 처음에는 그러한 영웅이었다. 마피아도 정복자의 정부를 무력화하고 원주민만 아는 '그림자 정부'를 만들어 권력이나 사법을 행사하는 존재가 되어 민중의 일정한 지지를 받는다.

이탈리아의 범죄조직의 강도나 사기사건을 보면, 대단히 치밀한 계획에 기초해서 놀라울 만한 실행 능력을 갖추고 행동하고 있다. 그 정도로 재능과 실행력이 있다면 '바깥 세계'에서 제대로 일하면 매우 성공할 수 있을 텐데, 라고 우리는 생각하지만, '바깥 세계'에서 제대로 일하게 되면 정복자를 인정하는 셈이 되므로 그들의 프라이드가 허락하지 않는 것이다.

물론 지금 이탈리아인이 이탈리아 정부를 인정하지 않는다는 이야기는 아니고, 그들 자신도 알아차리지 못하는 심층 심리를 말하는 것이다. 자주 말하는 우스갯소리로, 은행강도가 나타나 도주하는 범인을 경찰차가 추적하는 장면을 텔레비전에서 중계하면 이탈리

---

16. 제2차 세계대전 후에 시칠리아에서 활약했던 산적. 마피아와의 관계 등 불명확한 부분이 많다. 그의 이야기는 프란체스코 로지 감독의 〈시칠리아의 검은 안개〉, 마이클 치미노 감독의 〈시실리안〉 등으로 영화화되어 있다.

‡ 살바토레 줄리아노

아인 대부분이 도주 중인 범인 쪽을 응원한다는 것이다.

규칙에서 벗어나 성공한 와인

이와 같은 멘탈리티는 음식이나 와인 세계에서도 곳곳에서 나타난다. 1980년대에 차츰 성장한 유명한 슈퍼 토스카나가 그 좋은 예다.

슈퍼 토스카나라는 것은 당시의 DOC, DOCG 와인[17]의 생산 규칙이 시대에 뒤떨어졌기 때문에 그 틀을 벗어나 본래는 DOC, DOCG보다 격이 떨어지는 VdT(비노 다 타볼라)라는 등급을 사용하여 훌륭한 와인을 비싼 가격에 판매함으로써 대성공한 일련의 와인을 말한다.

당시 키안티 등의 생산 규칙은 토스카나에서 가장 고급 품종인 산지오베제[18] 만으로 와인을 만드는 것을 금지하고 있었다. 또한 와인을 묽게 만드는 청포도 (마르바지아[19]나 트레비아노[20])를 블렌딩하는 것이 의무였다. 이래서는 아무래도 온전한 와인은 만들 수 없으므로, 많은 생산자가 산지오베제 100% 와인을 VdT 등급을 사용하여 제조한 것이다.

슈퍼 토스카나는 이탈리아 와인이 국제시장에서 도약하는 데 큰 공적을 세운 와인이지만, 곰곰이 생각해보면 대단히 기묘한 현상이다. 그동안 내려온 규칙이 틀렸다면 그것을 협회에 알려 규칙의 개정을 도모하는 것이 극히 자연스러운 사고방식이다.

실제로 2002년에는 산지오베제 100%로도 만들 수 있도록 생산 규칙이 개정되었다. 그

---

[17]. DOC(원산지 통제 호칭), DOCG(원산지 통제 보증 호칭)은 이탈리아 와인법의 톱에 위치를 매기는 와인으로, 각각의 생산 규칙에 의해 관리되고 있다.
[18]. 이탈리아 중부의 레드 와인 고유 포도 품종.
[19]. 이탈리아에서 널리 재배되고 있는 청포도. 키안티 지방에서는 디저트 와인인 빈 산토에도 사용된다.
[20]. 프레시한 가벼운 와인을 만드는 청포도. 고품질 와인에는 적합하지 않다고 한다.

러한 노력은 않고 규칙에서 벗어나 성공을 노리는 것은 역시 마음속으로는 그 방법이 모양이 좋다는 심층 심리가 있는 것은 아닐는지.

생산 규칙이 변경되어 키안티 클라시코[21] 자리를 대신하게 된 지금에도 이들 슈퍼 토스카나는 IGT(지역 특성 표시 와인. 예전의 VdT에 해당하는 등급)에 머무른 채다.

이탈리아 요리가 전 세계에서 사랑받는 배경

나폴리 피자가 맛있는 이유는 피자에 대해 깊게 생각하는 주민이 많기 때문이다. 어떠한 피자가 베스트인가에 대해 반드시 주민의 의견이 일치되는 것은 아니지만, 각자 "이것이야말로 나에게 있어 최고의 피자. 피자는 이래야 한다."라는 고집을 갖고 피자에 대해 "이래도 안돼, 저래도 안돼."라는 건설적인 논의가 일상적으로 활발하게 진행되며 길 전체가 피자 심포지움 같은 열기를 띠고 있기 때문에 수준 높게 보존되는 것이다. 일본에서도 오사카에서 오코노미야키나 타코야키에 대해 비슷하게 "다른 곳에서 온 사람은 약간 어리둥절해질 정도로 열띤 논의"를 목격할 수가 있다.

피제리아도 레스토랑도 정말 좋은 가게는 손님이 만든다. 셰프가 어느 정도 의욕적이어도 손님이 따라오지 못하면 아무래도 그 가게는 망한다. 그래서 큰 부자가 재미로 경영하고 있지 않은 한은 레스토랑도 마지막에는 손님의 요구와 타협하지 않을 수 없다.

따라서 결국에는 손님의 요구가 높은 마을의 레스토랑이 맛있게 된다. 나폴리의 피자,

---

21. 토스카나 주의 피렌체와 시에나 사이에 펼쳐진 구릉지대(키안티 지방)에서 만들어지는 레드 와인. 일반적인 키안티보다 확실한 맛이 많다.

밀라노의 리조토 알라 밀라네제, 피에몬테의 타야린[22], 교토의 가이세키[역주5], 도쿄의 스시, 소바, 덴푸라 등이 그 전형적인 예일 것이다.

반면 로마는 소박한 로마 요리는 맛있지만, 고급 레스토랑은 성공한 선례가 없다. 로마 주민이 기본적으로 세련된 요리를 좋아하지 않기 때문이다. 의욕적인 가게가 생겨서 기뻐했다가도 5년 정도 지나면 역시 원주민 손님의 요청에 맞추어 '로마화' 되어 버린다. "국민은 자신에게 어울리는 정부밖에 가질 수 없다."라는 말도 있지만, 주민도 자신에게 어울리는 레스토랑밖에 가질 수 없다.

그런데 피자나 스파게티가 전 세계의 인기 요리로 정착하는 데 큰 역할을 한 것은 나폴리 이민이다. 대토지 소유제도(라티푼디움)가 퍼지고 착취 구조가 격렬했던 이탈리아 남부도 예외가 아니어서 나폴리도 대단히 가난한 동네였다. 생을 연명하기 위해 많은 사람이 이탈리아 북부, 외국으로 이민했다.

나폴리인은 '조국에 집착하는' 사람들로, 나폴리에서 약간 떨어지면 향수병에 걸려 기력이 없어진다고 한다. 유명한 〈Santa Lucia luntana(먼 산타 루치아)〉[23]라는 노래에서는 "나폴리를 떠나서는 살아갈 수 없어."라고 나폴리를 떠난 이민의 외로운 마음을 절절히 노래하고 있다. 그러한 그들이 아득히 멀리 밀라노나 미국에 이민해서 추운 겨울을 지냈을 때는 얼마나 외로웠겠는가!

이것을 한 번에 위로해주는 것이 이민 간 곳에서 손에 넣은 재료로 어떻게든 만들어낸 피자나 스파게티였다. 그리고 소박하고 심플하지만 대단히 맛있고 적은 돈으로 배를 불려

---

22. 피에몬테 주의 계란을 넣은 수타면. 가늘고 긴 것이 특징.
역주5. 일본식 고급 연회 요리. 제철 식재료와 다양한 조리 방식을 사용하여 코스로 요리를 내오는 것이 특징.
23. E.A.마리오 작사, 작곡의 1919년의 히트곡. 나폴리 방언으로 쓰여 있으며 나폴리를 떠난 이민의 서러움, 나폴리를 향한 뜨거운 마음을 노래하고 있다.

주는 그들의 요리는 세계를 정복했다.

　남부 이탈리아스러운 쾌활한 요리인 피자나 스파게티가 성공을 얻은 뒷면에는 슬픈 빈곤과 이민 이야기도 있었던 것이다.

여덟 번째 **8** 요리

Bagna cauda
바냐 카우다

바냐 카우다는 하나의 냄비에 둘러앉아 먹는 요리

바냐 카우다(또는 바냐 카오다)는 피에몬테 주 남부 농민의 소박한 요리다. 바롤로[1]나 바르바레스코[2]가 만들어지는 랑게 지방[3], 바르베라 다스티[4]가 만들어지는 아스티 지방 등 유명한 와인 산지가 바냐 카우다의 고향이다.

피에몬테 사투리로 바냐는 '소스'를, 카우다는 '뜨거운'을 의미하므로 바냐 카우다는 '뜨거운 소스'라는 의미가 된다. 바냐 카우다는 마늘, 안초비(염장), 올리브 오일을 섞은 페스토 형태의 소스를 질그릇에 넣어 가열하면서 채소에 소스를 찍어 먹는 심플한 요리다.

중요한 것은 바냐 카우다가 담긴 냄비는 하나라는 점이다. 식탁 인원 전부가 채소를 한 냄비에 넣어 바냐 카우다에 찍어 먹는, 이탈리아에서는 드물게도 '하나의 냄비에 모두 둘러앉아 먹는' 요리다.

---

1. '와인의 왕', '왕의 와인'으로 칭해지는 위대한 레드 와인. 피에몬테 주 크네오 현 바롤로 마을 주변에서 만들어진다. 힘이 강한 중후한 맛을 즐길 수 있다.
2. 피에몬테 주 크네오 현 바르바레스코 마을 주변에서 만들어지는 레드 와인. 바롤로와 같이 네비올로 종으로 만들어진다.
3. 피에몬테 주 크네오 현 타나로 강 우안의 구릉지대.
4. 피에몬테 주의 아스티 현과 알렉산드리아 현에 걸친 넓은 지역에서 바르베라 종으로 만들어지는 레드 와인.

바냐 카우다의 생명, 마늘

만드는 방법을 보면, 우선 얇게 저미거나 잘게 다진 마늘을 올리브 오일이나 버터를 사용하여 약한 불에 익힌다. 마늘 양은 1인분에 세 쪽 이상으로, 예전에는 다섯 쪽도 사용했다.

지금은 마늘 냄새를 꺼리거나 마늘의 강한 풍미를 싫어해서 미리 우유에 재워 냄새를 빼는 사람도 있지만, 이것은 바냐 카우다 정통주의자에게는 "연약하고 수치스러운" 행위로 여겨진다. 마늘은 바냐 카우다의 생명이므로 그것이 싫다면 애초에 바냐 카우다를 먹지 말아야 할 것이다. 마늘이 약한 바냐 카우다란 마늘이 약한 김치만큼이나 우스꽝스럽다.

30분 정도 익히면 마늘이 녹아 크림처럼 된다. 그러면 올리브 오일과 안초비를 넣는다. 안초비는 미리 물이나 와인으로 씻어 소금기를 빼서 말려둬야 한다. 안초비는 1인분에 세 마리 이상으로, 이것도 상당히 '스트롱'한 맛이 된다.

약한 불로 계속 익히면 마늘, 안초비, 올리브 오일이 일체가 되어 갈색의 크리미한 페스토가 된다. 이제 바냐 카우다가 만들어진 것이다.

바냐 카우다는 대단히 공격적인 맛이므로 생크림이나 우유를 넣어 맛을 부드럽게 하는 버전이 외국에 특히 많이 퍼져 있지만, 이것은 '사도邪道'이다.

여기까지의 작업은 모두 테라코타(도기) 냄비에서 이뤄지며 만들어진 냄비를 그대로 식탁으로 들고 가서 알코올 램프나 양초를 밑에 놓고 바냐 카우다를 계속 뜨거운 상태로 유지한다. 그다음은 각자 채소에 바냐 카우다를 찍어 먹으면 된다.

바냐 카우다에 사용하는 채소

사용하는 채소로는 카르도라 불리는 아티초크의 일종이 필수인데, 유감스럽게도 우리는 손에 넣기 어렵다. 특히 아스티 현 니자 몬페라토[5]의 명물 카르도 고보[6](등이 휘어진 카르도)(역주: 카르도는 엉겅퀴를 말한다)를 최고로 친다.

그 외에 파프리카, 양배추, 새끼양배추, 감자, 당근, 비트, 리크[7], 양파, 라디키오[8], 토피낭부르(돼지감자)[9], 셀러리 등 피에몬테 주에서 가을부터 겨울까지 손에 넣을 수 있는 채소라면 취향대로 어떤 것을 사용해도 상관없다. 감자나 양파는 삶거나 쪄서 사용한다. 폴렌타를 차갑게 식혀 굳힌 후 구운 것과도 궁합이 아주 좋다.[10]

채소나 폴렌타를 먹고나서 마지막에 남은 바냐 카우다에는 계란을 넣어 섞은 후 빵에 얹거나 스푼으로 떠먹는다. 일본의 나베 요리 마지막에 죽을 끓이는 것과 비슷한 느낌이다.

옛날에는 하나의 냄비로 함께 먹는다는 일체감이 소중한 요리였지만, 최근에는 1인용 바냐 카우다 냄비도 있어 1인분씩 바냐 카우다를 만들어 각자 채소를 찍어 먹기도 한다. 하지만 이렇게 먹으면 바냐 카우다의 잔치 기분을 완전히 잃어버리게 된다.

진짜 바냐 카우다를 먹은 다음 날은 당연히 마늘 냄새가 강렬하게 나므로 될 수 있으면 다음날 할 일이 없는 주말에 먹는 것이 바람직하다.

---

5. 피에몬테 주 아스티 현의 동네로, 아스티, 알바, 알렉산드리아의 중간에 있는 농업과 상업의 중심지다. 바르베라의 뛰어난 산지라고 한다.

6. 카르도(카르동)의 일종. 싹 일부를 흙 속에 묻어둠으로써 독특한 휘어진 형태가 된다. 말랑말랑하기 때문에 바냐 카우다에 적합하다. (오른쪽 사진)

7. 지중해 원산의 채소. 리키, 서양파 등으로도 불린다.

8. 치커리 계열의 채소. 자색을 띠고 있으며 약간 쓰다.

9. 북아메리카 원산의 채소. 전분이 거의 함유되어 있지 않은 독특한 감자.

가을의 도래를 알리는 풍물시

바냐 카우다는 빈곤했던 농민이 손쉽게 손에 넣은 값싼 채소를 사용하여 가족이나 동료와 모여서 잔치하기 위해 생겨난 요리다.

바냐 카우다의 계절은 포도 수확이 끝나고 농사일이 일단락되는 늦가을에서 겨울까지다. 이탈리아에서는 11월 11일은 성 마르티노[11] 축일로, 이 날은 그 해의 새로운 와인을 시음하는 날이다. 이날이 되면 동료와 함께 새로운 술과 함께 바냐 카우다를 먹기에 절호의 기회다.

성 마르티노의 날은 이탈리아 북부에서는 토지를 가지지 못한 농부나 절반경작인[12]의 계약 갱신일인데 온전하게 계약이 갱신되는 사람은 좋지만, 그렇지 못한 사람은 새로운 일자리로 옮겨야 했다.

당시 북부의 농민 중에는 집을 소유한 사람이 적었고 고용주가 주거를 제공하고 있기 때문에 일자리를 잃는다는 것은 곧 집을 잃어버림을 의미했다. 새로운 계약이 발생하면 새로운 고용주가 제공해주는 집으로 옮기게 된다. 그 이사하는 날도 11월 11일이었기 때문에 예전에는 성 마르티니 축일에는 짐차에 가재도구를 쌓아 이동하는 농부 일가의 모습을 자주 볼 수 있었다. 지금도 "성 마르티노를 한다."라는 말은 이사를 의미한다.

바냐 카우다를 먹는 것은 겨울의 도래를 고하는 행사 같은 것으로, "이제 바냐 카우다의 계절이군. 다음 주 토요일 정도면 어떨까?"라는 생각이 들게 되고, 그러다 1월 정도 되면

---

10. 바냐 카우다를 차린 식탁. 일본에서는 잘 볼 수 없는 채소도 있다. (오른쪽 섭시) 안초비 / (사운네 집시) 위부터 카르도, 우엉, 비트 / (왼쪽 접시) 위부터 데친 감자, 펜넬, 파프리카.

11. '투르의 마르티누스'라고 불리는 크리스트교의 성인. 4세기에 그리스트교 전도에 큰 활약을 했다..

12. 영주로부터 토지를 빌려 농작물을 반반씩 나누는 계약을 맺은 소작인.

"이번 겨울은 아직 바냐 카우다를 먹지 못했어. 다음 주에는 꼭 먹어야 해."라고 초조해 하는 사람도 생긴다. 일본에서라면 "이번 해에는 아직 은어를 먹으러 가지 못했어."라던가 "추워지는데 멧돼지 나베라도 하는 게 어떤가?"와 비슷한 느낌일 것이다.

중요한 것은 음식을 매개로 동료나 가족이 모여서 즐겁게 시간을 보내는 것이다. 바냐 카우다는 불 주위에 모여 와자지껄하며 떠들면서 보내는 추운 겨울의 나베 같은 요리다.

북부 피에몬테 주와 남부 리구리아 주의 이외의 관계

그런데 바냐 카우다의 기원을 보자면, 확실하게 알려지지는 않았다. 피에몬테 주는 바다와 면하는 주가 아닌데도 본고장 요리에 안초비를 상당히 많이 사용한다. 빈곤했던 시대에는 안초비를 벽에 걸어두고 빵을 문질러 약간의 소금 맛과 냄새를 묻혀 빵을 먹었다고 한다.

안초비는 프랑스 프로방스 지방과 피에몬테 주의 남쪽에 있는 리구리아 주에서 운반해 왔다. 피에몬테 주를 지배했던 사르데냐 왕국[13]은 니스 등 프로방스 일부도 영토로 가지고 있었으므로 그곳에서도 수송된 것이다.

그런데 무엇보다 중요한 것은 리구리아 주와의 통상이다. 리구리아 주는 올리브 오일의 산지이기도 하다. 피에몬테 주의 서늘한 기후에서는 기본적으로 올리브 재배는 불가능했기 (지금은 온난화 현상으로 가능해지고 있다.) 때문에 올리브 오일도 리구리아 주에서 피에몬

---

13. 이탈리아의 피에몬테, 사르데냐, 프랑스의 사부아, 니스를 영토로 했던 왕국으로, 사보이아 왕가가 지배하고 있었다. 이탈리아 통일의 중심이 되었다.

테 주로 가져왔다.

한편, 산과 바다에 끼어 있는 리구리아 주는 경작 가능지가 적어 와인, 채소, 고기 등을 피에몬테 주에서 사들이는 경우가 많았다. 리구리아 주와 피에몬테 주 사이에는 아펜니노 산맥[14]이 있는데 산맥을 넘어 활발하게 통상이 이뤄져 이 두 개의 주는 문화적으로도 서로 영향을 받고 있다. 통상을 하면서 애정의 꽃이 피는 일도 있는 것 같은데, 피에몬테 주에는 "엄마 쪽은 리구리아 출신"이라는 사람이 많고, 리구리아 주에서도 한쪽 가계가 피에몬테 출신인 경우가 많다.

어쨌거나 바다가 없는 피에몬테 주에서 손에 넣을 수 있는 생선은 안초비와 염장 대구, 말린 대구 정도로, 이것들은 지금도 피에몬테 요리에서 중요한 역할을 하고 있다.

바냐 카우다에 맞는 와인은?

바냐 카우다는 농민들 사이에서는 18세기 무렵에도 먹었던 것 같지만, 이 이름으로 문헌에 등장하는 것은 19세기 이후다. 어쨌든 마늘 냄새가 지나치게 강하므로 귀족에게는 경원시 되었던 것 같다.

19세기 후반 이후부터는 피에몬테 주에 확실하게 뿌리를 내렸고, 지금은 베리에이션(생크림, 우유, 치즈를 더한 것 등)을 더해 외국에서도 먹게 되었다.

그에 반해 본고장인 피에몬테 주에서는 핵가족화에 따라 옛날만큼 바냐 카우다를 먹지

---

[14]. 이탈리아 반도의 한가운데를 세로로 관통하는 산맥. 길이는 약 1,200km다. 이 산맥에 따라 이탈리아 동쪽과 서쪽 기후가 완전히 달라진다.

않게 되고 그나마도 '오락부장' 같은 사람이 앞장서지 않으면 잘 안 먹는 것 같다. 슬로 푸드 본부[15]의 친구에게 물어도 "1년에 한 번 먹을까 말까 한다."라고 해서 약간 아쉬운 마음이 든다.

다만, 레스토랑에서는 소스의 일종으로 정착되고 있으며 〈카르도[16] 타르트 바냐 카우다 소스〉라던가 〈스즈키의 오븐 구이 바냐 카우다 소스〉 같은 메뉴가 눈에 띈다.

피에몬테 주에는 기본적으로 섬세한 요리가 많아서 그 속에서는 바냐 카우다의 '과격'한 맛이 두드러진다. 맛이 강하기 때문에 거기에 지지 않을 확실한 맛의 레드 와인을 매칭시키는 경우가 많다. 예를 들면 본고장 서민 와인의 대표격인 바르베라[17]가 가장 잘 맞을 것 같다. 확실한 과실 맛이 마늘과 안초비의 자극적인 풍미를 온전히 감싸주며 바르베라의 독특한 산미가 입속을 깨끗하게 해준다. 물론 본고장에서 사랑받는 돌체토[18]도 좋을 것이다.

네비올로[19]와도 잘 매치되지만, 개인적으로는 네비올로는 지나치게 고급스러운 느낌이 들어 곱창 전골에 다이긴죠 사케를 마시는 듯한 위화감이 느껴진다. 바냐 카우다를 할 때는 역시 와인을 몇 병씩 비워도 후회하지 않을 정도의 값싼 와인 쪽이 딱 맞다.

15. 토지의 전통적인 식문화를 지키는 운동을 펼치고 있는 단체. 본부는 피에몬테 주 브라에 있다.
16. 아티초크와 유사한 채소. 이탈리아, 남부 유럽에서 재배되고 있다.
17. 북부이탈리아 고유 적포도 품종. 과실 맛이 풍부하고 산미가 확실하게 있는 와인을 만든다.
18. 피에몬테 고유 적포도 품종. 프루티하고 마시기 쉽고 폭넓게 요리에 매칭되는 와인을 만든다.
19. 피에몬테 고유 적포도 품종. 프루티하고 마시기 쉽고 폭넓게 요리에 매칭되는 와인을 만든다.

바롤로, 바르바레스코를 만드는 고급 레드 와인 고유 포도 품종. 타닌이 강한 것이 특징.
20. 카르네 크루다. (오른쪽 위 사진)
21. 비텔로 톤나토. (오른쪽 아래 사진)

약간 유감스러운 피에몬테 향토 요리

피에몬테 요리는 맛은 훌륭하지만, 이탈리아의 다른 주들과 마찬가지로 대단히 단조롭다.

우선 전채로 카르네 크루디[20]라는, 송아지 생고기를 칼로 다진 육회 같은 요리가 나온다. 이어서 비텔로 톤나토[21]라는 삶은 송아지 고기를 얇게 슬라이스한 것에 참치, 안초비, 케이퍼로 만든 소스를 뿌린 것, 인살라타 루사[22]라는 감자 샐러드 같은 것, 페페로니 리피에니[23]라는 피망에 참치나 케이퍼를 넣은 것 등이 속속 날라져 온다.

인원수가 많은 연회라면 여기에 따뜻한 카르도 타르트에 라스케라 치즈[24]로 만든 퐁뒤 등 따뜻한 전채도 더해져 우리 같으면 전채만으로도 배가 부를 것이다.

다음에 파스타로 타야린[25]이라는 계란 노른자가 몹시 많이 들어가는 수타 세면이 나온다. 소스는 미트소스, 토끼고기 라구, 또는 심플하게 채소 소스인 경우가 많다. 그리고 또 하나 명물 아뇨로티 델 프린이라는 약간 작은 소를 넣은 파스타가 나온다. 경우에 따라서는 리조토가 될 수도 있을 것이다.

그리고 메인은 소고기 덩어리를 와인에 마리네[역주1]해서 푹 삶은 브라사토[26]나 양고기 로스트, 닭 내장을 푹 끓인 피난치에라[27] 등이다. 디저트는 헤이즐넛 타르트, 판나코타, 보네트[28]라 부르는 코코아와 아마레티 풍미의 푸딩 같은 것이 나온다.

모두 대단히 맛있고 매력적인 요리지만, 문제는 가정에서도 레스토랑에서도 거의 같은 요리가 나온다는 것이다. 이틀째 정도까지는 "맛있네, 맛있어."라고 먹지만, 사흘째 정도

22. 인살라타 루사. (오른쪽 위 사진)
23. 페페로니 리피에니. (오른쪽 아래 사진)
24. 피에몬테 주 그네오 현에서 만들어지는 세미 하드 타입의 치즈.
25. 미트 소스의 타야린. (왼쪽 위 사진)
역주1. 생선이나 고기 등을 요리하기 전에 식초, 기름, 향신료 등에 절여 두는 것을 말한다.
26. 피에몬테의 단골 메인 요리, 브라사토. (왼쪽 아래 사진)

가 되면 완전히 물리기 시작한다.

　이탈리아는 의외로 요리가 단조로워 각자 엄마에게 배운 20~30가지 정도의 본 고장 요리가 세계 제일이라고 여기면서(또는 그것을 자랑스럽게 선언하면서) 일편단심으로 반복해서 먹는다.

'이탈리아 요리'는 존재하지 않는다?!

거기다 놀랄 만한 것은 작은 농가에서 진수성찬으로 나오는 수제 요리도 유명한 고급 레스토랑에서 먹는 요리도 메뉴가 거의 같다는 것이다.

　물론 고급 레스토랑 중에는 아주 크리에이티브한 메뉴를 낼 때도 있지만, 그보다는 트라토리아 메뉴를 좀 더 세련된 형태로 제공하는 경우가 많다.

　음식이 다양한 일본에 사는 사람이라면 "이렇게 같은 것을 매일 먹어도 물리지 않을까?"라고 생각하겠지만, 이탈리아인들은 물리지 않는다. 그러기는커녕 풍미가 약간 변화되면 받아들이지 않는 '국수주의적인 사람들'이 대단히 많다.

　피에몬테 주에는 유명한 와인 생산자라도 자신은 극히 소박한 농부일 뿐이라고 말하는 사람이 많은데, 그렇게 말하는 사람들과 함께 고급 레스토랑에 취재하러 가는 경우가 있다. 나는 똑같은 식사가 지긋지긋해서 고급 레스토랑에서는 생선요리나 약간 변화된 크리에이티브한 요리에 도전하지만, 그들은 매일 집에서 먹는 카르네 쿠르다나 타야린을 물리

27. 닭 내장, 소의 리 드 보 (송아지 때에 만들어지는 흉선 고기) 등을 삶아서 만든다. 피에몬테의 전통요리. (오른쪽 사진)

28. 보네트. 푸딩 같은 식감의 디저트. 아마레티는 아몬드를 사용한 이탈리아의 구운 과자를 말한다. (아래쪽 사진)

지도 않고 주문해서 맛있다는 듯이 먹는다.

피에몬테의 예는 그렇지만, 토스카나라면 살라미, 생 햄, 크로스티니[29] 등의 전채, 리볼리타[30], 파파 알 포모도로[31] 등의 수프, 그리고 숯불로 구운 고기를 매일 계속 먹는다.

피에몬테 사람이 리볼리타를 먹는 것은 어렵고, 토스카나 사람이 카르네 쿠르다를 먹는 것도 어려울 것이다. 그래서 이탈리아 요리라는 것은 존재하지 않고 본고장 요리만 존재하고 있다고 말한다. 1주일 동안 같은 장소에서 머물고 있으면, 처음 온 사람이라도 본고장 요리를 20종류 정도는 금방 기억할 수 있다. 어디에 가도 같은 메뉴이기 때문이다.

본고장의 맛을 일편단심으로 사랑하는 이탈리아인

이탈리아는 전체로 보면, 치즈도 프랑스에 지지 않을 만큼의 종류와 품질을 자랑하지만, 각각의 지역에서 보면 한 가지로 단조로워진다. 지역 특산 치즈만을 일편단심으로 계속 먹기 때문이다.

토스카나 주는 페코리노만, 칼라브리아 주[32]는 카치오카발로[33]나 페코리노, 캄파니아 주는 모차렐라, 프로볼라[34], 카치오카발로 등을 먹는다. 약간 종류가 많은 데는 피에몬테 주와 롬바르디아 주[35] 정도가 될 것이다.

어쨌든 이탈리아 전역에서 먹는 파르미지아노나 모차렐라 이외는 일편단심으로 본고장 치즈를 먹고 있다.

29. 닭 간, 송아지 췌장 등으로 만들어진 페스토를 빵에 올린 토스카나의 전형적 전채요리.
30. 채소, 완두콩, 적양배추 등을 넣어 끓인 맛이 진한 수프.
31. 토마토소스에 빵을 넣어 끓인 심플한 수프.
32. 이탈리아 반도의 발가락 부분에 있는 주.
33. 이탈리아 남부에서 만들어지는 세미 하드 타입의 치즈. 독특한 호리병 모양을 한 것이 많다.
34. 이탈리아 남부에서 만들어지는 모차렐라와 유사한 커다란 치즈.
35. 롬바르디아에서 나오는 치즈를 모아 놓은 것. 종류가 풍부하다. (아래 사진)

소재의 맛을 살리는 심플하면서 델리케이트한 요리에 채소가 풍부하다는 점에서 이탈리아와 일본은 많이 닮았지만, 이탈리아에서는 본고장 요리를 일편단심으로 계속 먹고 있는 데 반해 현재의 일본 음식의 다양화가 급속히 이뤄지고 있어 그 점에서 완전히 다른 것 같다.

요리를 셰어하는 것은 전채 정도

일본과 이탈리아의 차이(라기보다 일본과 유럽의 차이)로 또 하나 들 수 있는 것은, 요리 나눠먹기의 문제다. 기본적으로 일부 전채나 믹스 그릴을 제외하면, 이탈리아에서는 요리를 나눠먹지 않는다. 자신이 가장 먹고 싶은 요리를 각자 선택해서 그것을 완전히 다 먹는 것이 기본이다. 특히 메인은 확실하게 접시를 앞에 놓고 1인분을 충분히 즐겨야 한다는 사고방식이다.

이탈리아 와인의 제왕 안젤로 가야[36]가 〈엘 불리〉[37]에서 먹은 식사에 대해 말해준 적이 있다. "훌륭한 요리였지만 나는 미식가가 아니므로 그렇게 작은 요리가 여러 개씩 나오는 것에는 익숙하지 않아요. 다른 미녀가 계속해서 나타나서 한 사람은 다리를 보여주고 금방 사라지고, 두 번째 사람은 가슴을 보여주고 금방 사라지고, 세 번째 사람은 배를 보여주고 금방 사라지는 것 같은 느낌이라 아무리 기다려도 만족감을 느낄 수 없습니다. 나는 한 사람이라도 좋으니 끝까지 사귀고 싶어요."라고 말했는데, 느낌을 정확하게 전달하고 있

---

[36]. 이탈리아에서 가장 유명한 와인 생산자. 바르바레스코 마을이 본거지지만, 토스카나 주 보르게리, 몬탈치노에서도 와인 제조를 하고 있다.

[37]. 스페인의 카탈루냐 주에 있었던 미쉐린 별 세 개 레스토랑. 셰프 페란 아드리아의 진취적인 창작요리가 유명하다. 현재는 영업하지 않는다.

다. 작은 분량의 음식으로는 요리의 진가를 알 수 없다는 사고방식인 것이다.

그래서 코스 요리는 그다지 인기가 없고 알 라 카르트[역주2]로 주문하는 사람이 많다. 자신이 먹고 싶은 것을 명확하게 인지하고 있으므로 헤매는 일도 적다.

각자가 알 라 카르트로 주문하면 인원이 많을 때는 주문 받는 것만 해도 큰일인데, 홀 직원은 익숙하게 오차 없이 요리를 가지고 온다. 어떤 종류의 분야에서는 뛰어난 재능을 발휘하는 것이 이탈리아인의 재미있는 점이다.

이탈리아 레스토랑에서는 어째서 개인실이 선호되지 않는가?

바냐 카우다는 겨울의 난로 옆이 어울리는 요리로, 그런 의미에서는 역시 북부 이탈리아스럽다. 이탈리아의 경우, 북부 이탈리아의 "밖으로 외출하고 싶은 정도"는 유럽 기준과 비슷하게 보통이지만, 로마 이남은 이 "밖으로 외출하고 싶은 정도"가 유별나다. 비만 오지 않으면 부랴부랴 밖으로 나가고 싶어하고 집 안에 있으면 좋을 것 같은 날에도 굳이 밖으로 나간다.

그 극단적인 예가 나폴리로, 의자에 앉아 유유자적하게 있을 때도 일부러 집 사립문 앞에 의자를 가지고 나가서 앉아 있다. 신문을 읽는 것도 공원 벤치에서, 방문한 친구와 이야기하는 것도 집의 살롱이 아니라 바깥을 산책하면서, 라는 식이다.

남부는 기후가 온난하고 옥외가 쾌적하기 때문이라고들 설명하고 있지만, 그것만은 아

[역주2] 정해진 메뉴가 차례로 나오는 코스와는 달리 메뉴판에서 일품요리를 선택해서 주문하는 것

닌 것 같다. 기본적으로 사람 눈에 띄는 것을 좋아하는 것이다. 마을 전체가 극장이라고 하는 나폴리에서는 집에서 한 발짝 나간 순간부터 자신도 극장 무대 위의 주인공이다.

이 느낌은 오페라 극장의 구조를 보면 잘 이해할 수 있다. 알다시피 오페라 극장은 무대를 정면으로 하여 말발굽 형으로 퍼져 있다. 오페라를 감상하는 것만이 목적이라면 보통의 근대적 극장처럼 장방형으로 만들어 관객 전원이 정면으로 무대를 마주하는 것이 논리적이다.

그런데 오페라 극장은 무대 정면를 마주 보고 '무대예술'을 즐기기보다는 관객이 서로 관찰하는 것이 본래의 목적인 듯한 구조로 되어 있다. 오페라 관람이라는 경사스러운 무대에 잘 차려입고 온 자신을 봐주어야만 극장에 온 의미가 있기 때문이다.

이것은 레스토랑에서도 마찬가지로, 이탈리아에서는 개인실은 전혀 선호되지 않는다. 다른 손님을 관찰하고 싶기도 하고 자신도 다른 손님에게 관찰되고 싶기도 하고 레스토랑의 홀이라는 축제의 장에서 연기자가 되어 자신의 역할을 연기하고 싶기 때문이다.

바에서도 마찬가지다. 예를 들어 베네치아의 산 마르코 광장[38]의 바에 걸터앉아 길을 지나다니는 사람을 관찰하는 사람은 자신도 산마르코 극장이라는 커다란 무대에 올라간 배우 중 한 명이다.

이는 이탈리아인이 아주 사치스러운 것과도 관계가 있다. 자신도 배우이기 때문에 빈틈없이 '잘 차려입은' 복장을 하지 않으면 그림이 되지 않는다.

아주 옛날이야기지만, 파리의 〈라 투르 다르장〉[39]의 지배인이 "그날의 예약 손님 리스

---

[38]. 베네치아 중심에 있는, 세계에서 가장 아름답다고 하는 광장.
[39]. 프랑스 파리에 있는, 오리 요리가 유명한 레스토랑.

트를 보고 아름다운 여성인 것 같으면 모두의 시선이 집중되는 자리에 그 사람을 앉히려 합니다."라고 말하는 것을 읽은 적이 있는데, 이야말로 무대감독의 시점이다.

레스토랑은 '극장의 무대'다

유럽 레스토랑의 홀은 간단하게 "밥을 먹는" 장소가 아니라 축제가 열리는 극장의 무대다. 수준이나 정도는 다르지만, 기본적으로는 시골 트라토리아에서도 마찬가지다. 트라토리아의 일요일 점심은 마을 사람들이 서로 가족을 보여주는 장소이기도 하다.

"호오, 손자가 많이 컸군요." "네, 올해부터 초등학교에 간답니다."라든가, "따님이 예뻐졌네요." "감사합니다. 지금 밀라노의 대학에서 공부하고 있지요." "정말 잘됐네요." 라는 듯한 느낌이다. 개인실이라면 이러한 즐거움은 없어지므로 선호되지 않는 것이 당연하다.

이러한 왁자지껄한 잔치 느낌' '빈틈없이 준비하고 기다리는 의식이라는 느낌'은 '레스토랑에서 식사하는 즐거움'의 중요한 요소다.

"만드는 것이 귀찮고 시간이 없으니까."라는 이유로 외식하는 일도 당연히 있겠지만, 그런 경우 음식점은 단순히 "밥을 먹는" 장소다. 사원식당이나 학교식당과 마찬가지로 공복을 채우는 장소다. 맛있는 것도 맛없는 것도 있겠지만, 기본적으로 축제나 의식과는 관계가 없다.

하지만 동료와 술집에 간다고 하면 이미 영양보급만이 목적은 아니다. 쌓인 이야기를 하고 마음을 터놓기도 하는 가슴 설레는 요소가 들어간다. 그러한 요소가 차차 높아지면서 단순한 '식사'가 '식탁'이 되고 '축제의 장'이 되는 것이 "레스토랑에서 식사하는 즐거움"이라고 생각한다.

고급 레스토랑에서는 바라건 바라지 않건 간에 손님도 배우로서 무대에 올려지는 것을 피할 수 없다. 그래서 배우로서 자신을 연기하는 것을 즐기는 사람은 화려한 무대에 서서 '나'를 실컷 누릴 수 있겠지만, 레스토랑의 연극성을 좋아하지 않고 "나는 단순히 맛있는 요리가 먹고 싶을 뿐이다."라고 생각하는 사람에게는 유럽의 고전적인 고급 레스토랑은 장식 과잉에 서비스도 지나친 허세같이 생각될 것이다. 착석 시에 서비스하는 사람이 의자를 빼주는 것도 냉정하게 생각해 보면 실로 의미 없는 행위로, "아이가 아니니까 의자에 앉는 정도는 스스로 할 수 있어."라고 생각할 수도 있다. 그러나 레스토랑이라는 무대 위에서 '공주님이나 전하' 같이 취급되는 자신을 연기하며 일상을 떠난 축제 공간의 고양감을 즐긴다면, 잊히지 않을 시간을 만들 수 있을 것이다. 자주 있는 드레스코드 문제도 "고급 레스토랑이니까 실례가 되지 않는 복장을 해야 한다."라는 소극적인 선택이 아니라 그날 자신이 연기하고 싶은 '나'에 걸맞는 가슴 설레는 의상을 선택하면 좋을 것이다.

지금 이탈리아는 극단적으로 불황으로 고생하고 있어 절약지향이 높아지고 있지만, 그래도 외식만은 절대 그만둘 수 없는 것 같다. 먹는 것만이라면 집에서도 나름대로 맛있는 식사를 할 수 있지만, 역시 레스토랑이라는 '축제의 장'의 무대에 오르는 쾌감은 아무래도 버릴 수 없는 모양이다.

"배우는 사흘 하고 나면 그만둘 수 없다."라고들 하는 것처럼.

아홉 번째 9 요리

Bistecca alla Fiorentina
피오렌티나 스테이크

손을 더 대지 않을수록 좋은 스테이크

토스카나 요리인 비스테카 알라 피오렌티나(이하 피오렌티나)는 호쾌한 스테이크로, 이탈리아 고기요리의 최고봉일 것이다. 미국의 T본 스테이크와 동의어로 설명되는 경우도 많지만, 실제로는 커팅이나 굽는 방법이 완전히 다른 별개의 요리다.

피오렌티나는 손을 더 대지 않을수록 좋다고 하는, 자못 이탈리아스러운 음식이며 소재 자체로 승부하는 요리다. 그러나 심플하면서도 맛이 깊다는 점에서 이탈리아 요리의 정수를 보여주고 있다.

얼핏 보면 단순해도 실제로는 지켜야 할 것이 많고 그것을 완벽하게 해내야 비로소 피오렌티나가 될 수 있다. T본 부위를 사 와서 굽는다고 해서 피오렌티나가 되는 것이 아니다. 구체적으로 피오렌티나가 어떻게 만들어지는지 살펴보자.

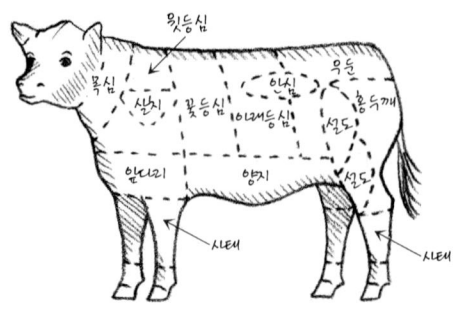

무엇보다 필수불가결한 식자재

우선 식자재가 되는 소고기 부위에 대해서 말하자면, 피오렌티나는 소의 등 중앙 부분에 있는 등심 부분을 사용하는데, T자 뼈의 한쪽이 등심, 다른 한쪽에 안심이 붙어 있는 부위다. 안심 부분이 거대한 삼각형 모습을 하고 있으며 옆에 있는 등심은 그 배의 크기의 삼각형이 된다.

피오렌티나를 만들려면 소의 종류는 토스카나 고유 품종인 키아나 소야 한다는 것도 조건이다. 키아나는 흰색의 거대한 소로, 암컷이 1톤 가까이 되고 수컷은 1.7톤이 되는 예도 있다. 힘이 강해서 옛날에는 일소로 중요하게 여겨졌지만, 최근에는 식용으로 사육되고 있다.

키아나 소는 성장하는 데 시간이 걸리므로 가격이 비싸지만 고기의 풍미는 대단히 깊다. 녹는 듯한 부드러운 고기는 아니고 씹는 맛이 있는 탄탄한 육질이다.

키아나라는 이름은 키아나 계곡(발 디 키아나)에서 온 것이다. 키아나 계곡은 토스카나 주 시에나 현[1]에서 아레치오 현[2]을 통과하여 움브리아 주[3]까지 100km에 걸쳐 뻗어 있는 계곡으로, 이곳이 키아나 소의 산지다. 계곡이라고는 해도 넓이가 있는 웅대한 골짜기이므로 우리에게는 오히려 평야로 보인다.

괴테의 〈이탈리아 기행〉[4]에서도 풍부한 농작지라고 예찬하고 있는 이 땅은 푸르고 아름다운 곳으로, 신선한 녹색 골짜기 사이에서 거대한 키아나 소가 한가롭게 사육되고 있는 모습은 정말 '맛있어 보이는' 풍경이다.

[1]. 토스카나 주 남부에 있는 현. 오래된 도시 시에나가 현도.
[2]. 토스카나 주 남부에 있는 현. 피에로 델라 프란체스카의 프레스코화로 유명한 알레치오가 현도.
[3]. 이탈리아 중부에 있는 녹색이 많고 아름다운 주.
[4]. 독일의 문호 괴테가 1786년~88년 동안 지낸 이탈리아 여행을 기본으로 쓴 여행기. (오른쪽 그림)

괴테

일본의 세키사바[역주1], 이탈리아의 키아나 소

키아나 소의 수는 최근 증가하고 있지만 그렇게 많지는 않기 때문에 피오렌티나의 수요를 모두 만족시키기는 어렵다.

토스카나 주에 가면 대부분의 레스토랑과 트라토리아에 '키아나 소 라구[역주2]' 라던가 '키아나 소 피오렌티나'라고 자랑스럽게 기재되어 있지만, 실제로 그 전부가 진짜 키아나 소는 아니라는 이야기다.

토스카나가 자랑하는 고유 품종인 친타 세네제[5]는 지방 맛이 깨끗한 훌륭한 돼지지만 이것도 수가 많지 않은데, 지금은 아무 레스토랑에 가도 메뉴에 친타 세네제가 남발되고 있다.

토스카나 해안지대에 있는 대리석 산지 콜로나타[6]의 라르도(돼지 지방을 소금에 절인 것)도 마찬가지로 브랜드가 되어 유명해졌는데, 어떻게 '콜로나타의 라르도'가 이탈리아 전역에 넘치고 있는지 이것도 미심쩍다. 이것은 일본의 '세키사바'도 마찬가지다.

원래는 산지가 어디냐보다는 자신의 입에 맞는지, 맛은 있는지의 여부가 중요한데, 자신의 미각보다는 귀로 들어오는 정보를 중시하는 소비자가 대량으로 출현하게 된 것은 미디어 사회의 전형적인 현상으로, 이탈리아도 예외가 아니다.

역주1. 고등어 회 중에서도 원산지가 오미타 현의 사가노 세키인 것을 최고로 치며 세키사바라 한다.
역주2. 고기나 생선 등을 잘게 갈아 채소를 넣어 끓인 스튜. 소스로 많이 사용한다.
5. 토스카나 고유종의 돼지로 르네상스 시대의 프레스코 화에도 그려져 있다. 앞발에서 배까지 흰색 벨트 같은 모양이 있다. 성장하는 데 시간이 걸리지만, 육질은 좋다. 특히 지방의 아름다움이 훌륭하다.
6. 토스카나 주 마사 칼라라 현에 있는 마을.

정통주의자도 좋아하는 마렌마 소

키아나 소가 없는 경우의 타협안으로 유일하게 허락되는 것이 마찬가지로 토스카나 고유 품종인 마렌마 소다.

이 소는 토스카나 해안지대의 마렌마에서 거의 야생에 가까운 상태로 방목되고 있는 것으로, 이것도 탄탄하고 '농후한' 맛의 육질이다. 키아나 소보다는 이쪽이 더욱 야생적인 맛으로, "씹으면 씹을수록 맛이 우러난다."라는 느낌이 강하다.

마렌마 소 자체도 대단히 진귀해서 키아나 소가 지나치게 유명해짐에 따라 피오렌티나 정통주의자는 "모두 키아나 소라고 난리 법석이지만, 나라면 피오렌티나는 야생적인 맛의 마렌마 소로만 만들겠다."라면서 불편해하고 있다.

피오렌티나에 사용되는 것은 송아지와 어른 소 사이의 비텔로네라 불리는 12개월에서 20개월의 것이 이상적이다. 매뉴얼에는 2주에서 20일은 에이징[7] 해야 한다고 쓰여 있지만, 실제는 10일 이내인 경우가 많고 48시간 이내의 것도 드물지 않다.

토스카나 남쪽 이탈리아에서는 고기를 에이징하는 문화가 별로 없으며 오히려 에이징하지 않은 고기를 좋아하는 경향이 있다. 에이징되지 않은 고기를 사용한 피오렌티나는 당연히 대단히 질겨서 씹는 데 지나치게 오래 걸리므로 먹다 보면 피곤해지지만, 왠지 이것을 피오렌티나답다고 긍정적으로 받아들이는 애호가가 많다.

---

7. 고기를 저온에서 숙성시킴으로써 지방 맛을 증가시키는 작업을 말한다.

조리 포인트 1. 밑 준비를 하지 않는다

이제 드디어 조리법으로 들어가 보자. 고기는 2시간 이상 전에 냉장고에서 꺼내 상온으로 만들어야 한다.

피오렌티나는 무게가 1~1.5kg, 두께가 5~6cm인 것이 보통이고 이것이 정확히 2~3인분에 해당한다. 1인분이 600~800g(뼈 무게 포함)이므로 우리에게는 놀라운 크기지만, 피오렌티나를 먹을 때는 이탈리아에서도 파스타는 패스하고 가벼운 전채(살라미나 생 햄인 경우가 많다.)를 먹고 나서 나머지는 오로지 피오렌티나에 집중하는 경우가 많으므로 의외로 남김없이 먹을 수 있다.

피오렌티나는 반드시 바깥쪽은 알맞게 구워지고 안쪽은 레어로 쥬시한 것이 필수조건인데, 그러기 위해서는 꼭 이 두께가 필요하다. 그래서 레스토랑에서도 피오렌티나는 2인분밖에 주문을 받지 않는다. 1kg 이하의 덩어리로는 피오렌티나가 되지 않는다.

고깃덩어리가 상온이 되면 그릴에 넣고 숯불로 굽는데, 굽기 전에 밑 준비는 전혀 하지 않는다. 소금은 육즙을 빠져나가게 하므로 엄금하며 후추도 뿌리지 않고 마리네도 논외다. 어디까지나 고기의 맛 자체를 그대로 즐기는 것이 피오렌티나의 목적이다.

이러한 이유로, 심플하게 자른 고기를 그대로 숯불에 올린다. 일본어로는 숯불구이라고 말하지만, 진짜 피오렌티나는 숯이 아니라 장작을 태워 그것이 숯이 되기 시작하는 지점에서 굽기 시작하는 것이 정통스러운 방법이다.

장작 불꽃이 가라앉고 표면에 하얀 숯이 생기기 시작할 즈음이 타이밍이다. 장작 나무로는 떡갈나무, 밤나무, 너도밤나무, 올리브 나무가 좋다고 하는데, 가지치기를 해서 나온 포도 나뭇가지도 좋을 것이다.

피오렌티나 정통주의자는 나무 종류까지 고집하며 "떡갈나무는 남성적인 굽기가 가능하다."라든가 "올리브 나무는 독자적인 풍미가 생긴다."라든가 또는 "포도 나무는 와인과 궁합이 좋다." 등의 논의에 심취해 있는 사람도 있지만, 다소 지나치다는 감은 부정할 수 없다. 가스, 전기는 논외로 하고 그릴 이외의 철판, 석판 등도 허락되지 않는다.

조리 포인트 2. 지그시 참는다

불의 가감이 알맞게 잘 되었을 즈음에 피오렌티나 고깃덩어리를 망 위에 올린다. 일단 그릴에 올리면 그대로 손을 대지 않고 지그시 참으면서 4~5분 정도 한쪽 면을 굽는다. 고기 표면을 태워 굳혀 육즙이 밖으로 나오지 않도록 하는 것이 중요하다.

불에 구워지지 않는 윗면에 육즙이 솟아오르기 시작하면 뒤집을 타이밍이다. 바비큐용 집게를 사용해서 고기를 잡고 단번에 뒤집는다. 포크 등으로 구멍을 내어 뒤집으면 육즙이 빠져 나와버리므로 절대 금한다. 레스토랑의 숯불구이 장인 중에는 호쾌하게 맨손으로 뼈를 잡고 뒤집는 강자도 있다.

반대쪽 면도 4~5분 굽는다. 이렇게 함으로써 양쪽을 향기롭게 태울 수 있으며 육즙이 그 사이에 샌드위치 되는 형태로 갇히게 된다.

다음은 굽기 어려운 T자형 뼈가 붙어 있는 부분을 5분 정도 굽는다. 피오렌티나 덩어리의 뼈를 아래로 해서 그릴 위에 수직으로 세운 형태로 굽는 것으로, 이때 버팀목이 없이 고깃덩어리가 수직으로 서는 것이 중요한데, 그 때문에 5~6cm의 두께가 필요하다.

이 수직으로 세워 굽는 것도 피오렌티나의 중요한 '기술' 중의 하나로 존중받고 있다. 뼈 주변의 피가 보이지 않게 되면 완성된 것이다. 고기를 여러 번 뒤집는 것은 보기에도 아름답지 않고 스테이크가 건조해져 버리므로 피오렌티나 정통주의자에게는 참을 수 없는 모독이다.

조리 포인트 3. 덩어리와 마주한다

굽기가 끝나면 피오렌티나를 나무 플레이트 위에 놓고 위에 접시를 덮어 몇 분 휴지시킨다. 스테이크 중앙부에 갇힌 육즙이 전체적으로 퍼져 안정되기를 기다리는 것이다. 그리고 피오렌티나를 덩어리째 식탁에 가지고 가서 잘 드는 커다란 칼로 잘라서 나눈다.

우선 T자형의 뼈를 따라 칼을 넣어 뼈와 고기를 분리시킨다. 그리고나서 안심 쪽을 2~3조각으로, 등심 쪽을 3~4조각으로 크게 자른다. 어느 정도 커다란 덩어리로 자르는 것이 중요하다.

종잇장처럼 얇게 잘라내는 사람도 있는데, 이래서는 피오렌티나가 아니라 탈리아타[8]가

8. 소고기 스테이크를 얇게 잘라 늘어놓은 요리. 소고기 사이에 루콜라 등의 채소나 파르미지아노 치즈를 끼우는 때도 있다. (오른쪽 사진)

되어 버린다. 피오렌티나는 고깃덩어리와 마주해서 정복한다는 충실감이 가장 중요한 요리다. 나이프와 포크를 들고 고기를 제패한다는 '전투적인 자세'가 중요하므로, 젓가락으로도 먹을 수 있을 탈리아타처럼 '연약한' 요리가 되면 안 된다.

커다란 고깃덩어리와 격투해서 정복하는 충실감이야말로 피오렌티나를 먹는 즐거움의 근간이다.

피렌체 주변의 관광객 상대 레스토랑에서는 피오렌티나의 굽기 정도를 묻는 어리석은 짓을 부끄러워하지도 않고 저지르는 부류들이 있는데, 말도 안 되는 이야기다. 피오렌티나 굽기 정도는 레어 이외에 있을 수 없다. 육즙이 흘러나오는 레어한 붉은 고기가 아니면 피오렌티나가 아니다.

레어가 싫다면 애초에 피오렌티나를 먹지 말아야 한다.

고깃덩어리와 싸우려면

식탁에서는 각자가 좋을 대로 소금과 후추를 하지만, 우선은 그대로 먹어보고 고기의 단맛을 즐겼으면 한다. 키아나 소(또는 마렘마 소)의 호쾌한 붉은 고기의 아름다운 맛에 감동할 것이다.

다음에 소금을 뿌리면 이번에는 한층 지방의 기름 맛이 돋보이게 된다. 후추도 또 다른 표정을 발견하게 해준다.

고깃덩어리와 격투를 계속하면서 미각이 약간 단조로워지면 이번에는 토스카나 올리브 오일을 살짝 뿌려본다. 얼마간 풋내가 있는 토스카나의 오일이 입속을 리프레시해서 또 다시 피오렌티나와 마주할 용기를 북돋아준다.

키안티 클라시코 한 모금 정도로 입속을 씻어낼 것은 말할 필요도 없는 추천이다. 브루넬로[9]도 보르도[10]도 좋은 맛이지만, 전통적 스타일인 키안티 클라시코가 가장 제격이다.

'투박하게' 보여도 실은 섬세한 스테이크

19세기에 이탈리아 각지의 요리를 한 권의 책으로 모아서 근대 이탈리아 요리의 기초를 구축한 펠레그리노 아르투지[11]는 피오렌티나에 버터를 올린다.

토박이 토스카나 사람이 이것을 보면 "아무것도 알지 못하는 로마냐의 시골뜨기"라고 할 것이다. 내 생각에도 버터를 올리면 피오렌티나라기보다 T본 스테이크가 되어버릴 것 같다. 순수하게 승부하는 토스카나 요리의 혼을 잃고 국제요리가 되어버리는 것 같다.

심플하고 얼핏 '투박하게' 보이지만 실은 미묘하고 섬세한 균형 위에 만들어지는 것이 본래의 이탈리아 전통요리다.

레몬을 바르면 고기의 맛을 버리기 때문에 피해야 할 행위지만 관광객에 영합해서 레몬을 곁들여 내는 레스토랑이 피렌체에 많은 것은 실로 안쓰러운 이야기다. 로즈메리를 첨가해서 지중해풍의 분위기를 내는 집도 있지만, 역시 영합한 것 같은 인상이 좋지 않다. 고

---

9. 토스카나 주 시에나 현 몬탈치노 마을 주변에서 만들어지는 힘이 강한 레드 와인.
10. 프랑스 보르도 지방에서 만들어지는 세계적으로 유명한 와인. 레드 와인은 카베르네 소비뇽, 카베르네 프랑, 메를로가 중심이 된다.
11. 1820~1911. 로마냐 지방에서 태어났다. 이탈리아 요리의 기초를 만들었다고 하는 〈요리의 과학과 미식의 기법〉을 1891년에 출판했다.

기만으로 승부하는 순수함이 소중하다.

곁들이는 채소로는 토스카나에서 자주 먹는 칸넬리니라고 부르는, 말린 흰 강낭콩을 삶아 오일에 무친 것이 최고다. 구운 감자도 잘 맞는다. 요리책은 영양학적 견지에서 샐러드를 추천하고 있지만, 피오렌티나를 먹을 때만큼은 건강에 대한 것을 잊고 육식의 즐거움에 몰두하고 싶다.

이름을 붙인 사람은 영국인?

편의상 이 원고에서는 '피오렌티나'라는 명칭을 사용해 왔지만, 실은 피렌체에서는 정식 이름 〈비스테카 알라 피오렌티나〉나 〈비스테카 피오렌티나〉라고 하지 않으면 통하지 않는다. 여성형인 '라 피오렌티나'는 본고장에서 압도적 인기를 자랑하는 축구팀의 명칭이기 때문에 피렌체 토박이는 그것 밖에 머릿속에 없기 때문이다.

그런데 〈비스테카 알라 피오렌티나〉의 어원이 꽤 흥미롭다. 메디치 가가 권세를 자랑하고 있던 시절, 피렌체에서는 8월 10일 성 로렌초의 날[12] 밤에는 거리에 화톳불을 피우고 축제를 하면서 커다란 소고기 덩어리를 구워 주민에게 나눠주는 것이 관례였다.

당시 피렌체는 국제도시이기도 했으므로 한 영국인 일행도 우연히 그날 피렌체에 있다가 이 축제를 즐기고 있었다. 그들이 소고기를 달라면서 "비프 스테이크! 비프 스테이크!"라고 외친 것이 이탈리아어로 변형되어 '비스테카'가 되었다는 것이다.

[12] 크리스트교의 성인 로렌초를 맞이하는 날. 밤에는 유성이 자주 보인다고 하여 이탈리아에서는 그것을 보고 소원을 비는 관습이 있다.

지금도 이탈리아어로 스테이크는 '비스테카'라고 불리고 있다. 이 에피소드에 따르자면 후에 '피렌체풍'을 의미하는 '피오렌티나'가 붙어 '피렌체풍 스테이크' = '비스테카 알라 피오렌티나'가 자연스럽게 된 것이다.

명맥을 이어가는 피렌체인과 시에나인의 반목

여기서 아무래도 이해할 수 없는 것이 피렌체와 오랜 세월 라이벌 관계에 있는 시에나[13]인이다.

그들을 따르면 "키아나 소는 시에나 현의 것이므로 비스테카 알라 피오렌티나는 본래 우리 것이다. 그러니까 피렌체풍이 아니라 시에나풍을 의미하는 비스테카 알라 세네제라고 부르든가 백 보 양보해도 키아나풍 스테이크를 의미하는 비스테카 알라 키아나로 해야 한다."라는 것이다.

실제로 키아나 소의 사육은 시에나 현이나 알레치오 현이 중심이다. 그리고 이어서 "피렌체인은 정말로 말솜씨가 좋아서 남의 것까지도 자신들의 것처럼 선전하는 데 능숙해."라는 험담이 이어진다. 중세에 격렬한 전쟁을 계속했던 피렌체와 시에나는 지금도 뿌리 깊은 라이벌 의식이 있다.

키안티 클라시코의 산지는 북쪽이 피렌체 현이고 남쪽이 시에나 현인데, 오너 대부분이 피렌체인이라는 점에서 '피렌체인의 영역'으로 여겨진다. 비노 노빌레[14]를 만드는 몬테풀

[13]. 토스카나 주 남부에 있는 아름다운 동네. 유네스코 세계유산으로 등록되어 있다. 중세 이래 시에나와 피렌체는 격렬하게 패권 싸움을 해왔다.
[14]. 토스카나 주 시에나 현 몬테풀치아노 거리 주변에서 만들어지는 산지오베제를 주체로 한 레드 와인.

치아노[15]는 시에나 현에 있는데도 불구하고 피렌체와의 동맹을 선택했다. 그래서 피렌체의 도움을 많이 받은 아름다운 르네상스 건축물이 지어져 '작은 피렌체'라고 불릴 정도로 아름다운 거리가 되었다.

다만, 늘 시에나의 공격에 노출되어 있었기 때문에, 몇 겹이나 되는 성벽으로 둘러싸인 요새 도시이기도 하다. 부르넬로[16]가 만들어지는 몬탈치노[17]는 몬테풀치아노에서 차로 40분 정도의 거리인데 이쪽은 시에나 측에 붙어 격렬한 싸움터가 되기도 하였다. 그래서 유네스코 세계유산이기도 한 아름다운 오르치아 계곡을 두고 동서에 있는 이 두 거리는 지금도 '원만히 지내지 않는' 관계다.

이탈리아는 가까운 마을끼리도 라이벌 의식이 강하고 사이가 나쁘다고들 하는데, 피렌체와 시에나는 그 전형적인 예다. 도시 국가 간 항쟁의 시대가 길었기 때문에 근처가 숙적인 경우가 많았던 것이다. 축구 시합에서 유혈사태가 일어나는 것도 다비라라고 하는, 같은 마을의 팀끼리나 또는 가까운 마을 팀끼리의 시합일 때가 많다.

의욕은 충만해도 턱이 약한 일본인

부르는 방법은 어쨌든 피오렌티나는 육식의 즐거움을 순수한 형태로 표현하고 있다. 저 거대한 고깃덩어리에 도전해서 정복했을 때의 충실감은 중독성이 있기도 하다.

충분히 배를 비운 후 레스토랑에 도착해서 파스타를 먹고 싶은 마음을 꾹 누르고 살라

---

15. 토스카나 주 남부 시에나 현에 있는 르네상스 양식의 아름다운 동네.
16. 토스카나 주 시에나 현 몬탈치노 마을 주변에서 만들어지는 힘이 강한 레드 와인.
17. 토스카나 주 남부 시에나 현에 있는 작은 마을. 부르넬로 디 몬탈치노로 유명해졌다.

미 등을 집어먹으면서 피오렌티나가 구워지는 것을 기다린다. 빵에 손을 내밀고 싶은 것도 참고 키안티 와인을 마시면서 피오렌티나의 도착을 기다린다.

알맞게 구워진 피오렌티나가 도착하면, 팔을 걷어올리고 고기 자르는 나이프를 들고 피오렌티나와 마주한다.

한입째는 "세상에 이렇게 맛있는 것이 있을까?"라고 감동하고 육즙으로 입을 채우면서 단숨에 먹어치우기 시작한다. 세 번째 입 정도까지는 극히 진도가 잘 나가지만, 잘 씹어 먹어야 하는 육질이므로 서서히 턱이 피로해진다. 역시 일본인은 유럽인과 비교하면 턱이 약하다. 의욕만큼은 충분하지만, 턱이 따라와 주지 않아 점점 와인이나 소금, 후추, 올리브 오일에 의존하기 시작하는 자신이 비참하다.

고깃덩어리를 제패하고 와인을 물처럼 마시는 굳센 이탈리아인

이탈리아인 중에는 전혀 페이스를 떨어뜨리지 않고 일정한 스피드를 유지하면서 착실히 피오렌티나를 제패하는 굳센 사람도 있다. 내가 본 중에서 가장 뛰어난 '피오렌티나 전사'는 마르코 카프라이 씨다.

움브리아 주 몬테풀코[18]의 사그란티노[19]를 대표하는 아르날도 카프라이[20]의 오너인 마르코는 어쨌든 고기를 좋아하는 남자로, 채소는 거의 먹지 않는다.[21] 그의 피오렌티나 먹성은 홀딱 반할 정도로 볼 만한데, 처음부터 끝까지 절대로 속도가 떨어지지 않는다. 고깃

18. 움브리아 주 페루지아 현에 있는 마을. 힘이 강한 레드 와인으로 유명하다.
19. 몬테파르코 주변에만 재배되고 있는 레드 와인 고유 포도 품종. 이상하게 폴리페놀 함유량이 많은 것이 특징이다. (왼쪽 사진)
20. 몬테파르코의 리더격 와이너리.
21. 마르코 카프라이 씨. 고기 먹성이 놀랍다. (오른쪽 사진)

덩어리를 잘라서는 입으로 쑤셔 넣고 씹으면서 와인을 꿀꺽꿀꺽 마신다.

카프라이 와인은 농후한 맛의 근대적인 스타일로 특히 유명한 사그란티노 디 몬테팔코 25 안니[22]는 이탈리아에서도 가장 응축감이 있는 힘이 강한 와인 중 하나다. 마르코는 이 타닌이 대단히 강한 와인을 물처럼 들이마시면서 차례차례 고기를 조각내가는 것이다. 넋을 잃고 볼만한 광경이다. 식사가 끝날 즈음에는 혼자서 한 병 정도 마시게 되는데, 전혀 피곤한 기색 없이 말짱하다.

사그란티노는 세계에서 가장 폴리페놀 함유량이 많은 품종으로, 특히 공격적 타닌은 받아들이기 '어려운' 와인으로 되어 있다. 그것을 카프라이는 더욱 응축된 파워풀한 와인으로 다듬었기 때문에 자연스러운 느낌의 와인을 좋아하는 사람은 "농축한 것을 위대하다고 하던 1980년대의 슈퍼 토스카나적 가치관을 여전히 추구하는 시대착오적인 생산자."라고 카프라이를 공격하지만, 그의 '눈부신' 식탐, 술탐을 보고 있으면 마르코가 그러한 와인을 만드는 이유를 알 것 같은 느낌이다.

역시 사람은 자기가 좋아하는 스타일의 와인밖에 만들 수 없고, 바라든 바라지 않든 간에 와인은 만드는 사람을 반영한다.

---

[22] 아르날드 카프라이 사의 최고급 와인. 농후하고 근대적인 스타일의 사그란티노.

피오렌티나를 먹는다 = 토스카나를 즐긴다

토스카나 사람은 피오렌티나를 격하게 아끼고 있다. 광우병 대책으로 2001년에 EU가 뼈가 붙은 고기를 제공하는 것을 금지했을 때는 각지에서 '피오렌티나의 장례식'이 행해지고 피오렌티나 애호가는 상복을 입은 적도 있다. 그리고 2006년에 간신히 EU의 조치가 해제되고 당당하게 피오렌티나를 즐길 수 있게 되었을 때는 각지에서 성대한 축제가 행해졌던 것은 말할 것까지도 없다.

피오렌티나를 먹는다는 것은 화려한 맛의 장식을 싫어하고 심플하고 자연스러운 맛을 좋아하는 '토스카나스러움'을 즐기는 것이기도 하다. 먹는다는 것은 문화를 생생하게 체험하는 것이다.

'식탁의 느긋한 즐거움'을 가장 잘 느끼게 되는 시간

옛날보다는 많이 줄었지만, 그래도 이탈리아에서는 지금도 10~15명 정도 식탁에 둘러앉을 기회가 많다. 토스카나는 레드 와인의 명산지이므로 와인 관계자의 모임이라면 전채에서 메인까지 계속 고기 요리가 나오는 것이 보통이다.

이러한 모임은 미식을 즐기는 것 자체가 목적이므로 메인이 피오렌티나더라도 그전에 전채나 파스타가 많이 나온다. 그것도 사람 수가 많으면 몇 가지 종류의 전채와 2종류 정도의 파스타나 리조토가 나오고 이미 상당히 배가 불러올 즈음에 거대한 피오렌티나 덩어리가 식탁에 2~3군데 도착하는 것이다.

여기서 그날 최고의 레드 와인이 서브되는 경우가 많다. 극상의 와인에 맞춘 피오렌티나는 역시 맛있으므로 한 점 정도는 먹지만, 그 이상은 어렵다. 그것은 이탈리아인도 마찬가지로, 피오렌티나는 대부분 반 이상 접시에 남겨진다.

메인 디시가 나오면 연회도 한창이 되어 식당 측도 좀처럼 접시를 치우러 오지 않는다. 그래서 레드 와인이 채워진 잔이 숲처럼 서있는 테이블에 신나게 떠드는 목소리가 떠다니고 명랑한 웃음소리가 퍼져나가는 중에 식어가는 피오렌티나가 쓸쓸하게 방치된 광경이 약 한 시간 계속되는 경우도 드물지 않다.

객관적으로 생각하면 황송한 일이지만, 실은 나는 이 시간이 대단히 즐겁다. 전채 때는 모두 배가 고팠기 때문에 식당 측도 우선 배를 채우라는 생각으로 살라미, 생 햄, 베코리노 치즈, 크로스티니 등을 차례로 가지고 온다. 모두가 걸신들린 것처럼 먹으면서 바쁘게 시간이 지나간다.

수프나 파스타가 나올 즈음에는 약간 침착해지면서 시간도 느긋하게 흐르기 시작한다. 배의 상태는 이제 충분해지지만 (실제로 이탈리아에서도 최근에는 개인적으로 식사할 때는 메인을 먹지 않는 사람도 많다.) 이러한 종류의 모임에서는 반드시 메인이 나온다. 파스타에서 메인까지는 꽤 시간이 걸리는 경우도 많으므로 이때는 대부분 이야기나 와인을 즐기는 시간이다.

그리고 메인이 서브되면 다음 돌체까지는 또 상당히 시간이 경과한다. 메인이 끝나면 즐기던 연회도 피크를 지나고 자연스럽게 서서히 종착에 다가가는 것이다. 다음 용무가 있어서 돌아가는 사람도 있고 돌체는 먹지 않는 사람도 많다. 이쯤에서 시간의 흐름이 한층 흔들리게 된다.

와인도 뒤에는 단맛의 와인 (토스카나라면 비노 산토[23]만을 남겨놓게 된다. 그 잔영을 즐기면서 여운이 몸에 스며들게 되는 시간이 메인 디시 이후다.

따뜻하게 흘러가는 이탈리아스러운 시간이 가장 빛나 보이는 순간이고 '식탁의 느긋한 즐거움'을 가장 깊게 느끼는 시간이기도 하다.

중요한 일은 모두 식탁에서 일어난다

나는 이탈리아의 출판사 감베로 로소의 레스토랑 가이드의 암행조사원을 하고 있는데, 레스토랑 가이드가 평가하는 것은 '맛있는 것을 먹는 즐거움'이다.

실제로 조사는 혼자서 가는 경우도 많다. 레스토랑에서 제공되는 요리의 품질, 개성, 그것이 나오는 환경(식당의 분위기, 서비스 등), 와인 셀렉션 등을 평가하는데 이것은 '요리의 즐거움'에 초점을 둔 것이다.

그렇지만 '요리'는 '식탁의 즐거움'의 중요한 요소이지만 모든 것은 아니다. '식탁의 느긋한 즐거움'은 사람들과 함께 식탁에 둘러앉아서 보내는 즐겁고 기쁜 시간이다. 맛있는

---

[23] 포도를 그늘에 말려 만드는 토스카나의 전통적인 단맛의 와인. 작은 나무통에서 몇 년간 산화 숙성시키는 것이 특징이다.

음식이 그 장을 끌어내 주는 것은 틀림없지만, '식탁의 느긋한 즐거움'은 참가자 전원이 만들어내는 시간의 예술인 것이다.

이탈리아는 '식탁'이 몹시 중요한 곳으로, 인생의 중요한 일은 모두 식탁에서 일어나는 것 같다. 사람과의 만남이나 이별, 연애, 비즈니스 제공, 새로운 프로젝트의 시작 등 모두가 식탁이 무대다. 옛날 이탈리아 영화를 보고 어째서 이렇게 식탁 신이 많은지 이상하게 생각했다. 이 사람들은 인생의 반 정도를 식탁에서 보내고 있지는 않을까도 생각했다.

이탈리아는 카페에 오랫동안 앉아 있는 습관이 없고 바에서 에스프레소를 마실 때는 거의 서서 마시며, 식후에 장소를 바꾸어 한잔하는 습관도 없다. 그래서 식사가 끝났어도 레스토랑에 오랜 시간 앉아서 이야기를 계속한다. 레스토랑 측도 그것을 잘 이해하고 있고 식당 대부분은 테이블을 2회전 시킬 생각을 하지 않고 오래 앉아 있어도 관용을 베푼다.

예약 시 시간을 묻지 않는 경우도 많다. "오늘 저녁에 4명 예약하고 싶은데요." "예약되었습니다. 기다리고 있겠습니다."라는 식이다. 이제 그 테이블은 개점부터 폐점까지 그 손님의 것이다. 단지 '요리'를 제공하는 것이 아니라 '식탁이라는 장'을 제공한다는 생각이 레스토랑 측에도 무의식중에 있는 것 같다.

내가 존경하는 선배인 다마무라 토요[24] 씨는 '식탁의 느긋한 즐거움'의 달인인데, 이전에 "나에게 있어 최고의 식탁이라는 것은 많이 먹고 많이 마시고 즐겁게 시간을 보내고 식사 후에는 '오늘은 정말로 즐거웠어. 그런데 무엇을 먹었지?'라고 하는 것이다."라고 말씀하셨다. 확실히 본질을 꿰뚫는 발언이라고 생각한다.

[24] 에세이스트면서 화가. 먹는 것에 대한 에세이가 많고 조예, 관찰의 깊이에는 정평이 나있다. 나가노 현의 와이너리 오너이기도 하다.

요리도 와인도 분위기도 중요하지만, 무엇보다 중요한 것은 식탁을 공유하는 사람과 즐거운 시간을 빛내는 데에 있다.

열 번째 **10** 요리

Tiramisù
티라미수

가장 유명한 이탈리아 과자

일본에서도 일대 붐을 일으켰던 과자 티라미수는 아주 새로운 과자다.
  마스카르포네 치즈의 부드러운 단맛, 생크림의 고상하고 순한 맛, 카카오의 아련한 쓴맛, 마르살라[1], 럼 등 사용된 술의 절묘한 악센트, 그리고 에스프레소가 전체를 도회적인 시크한 맛으로 다듬어준다.
  티라미수는 약간 허름한 레스토랑이나 카페가 잘 어울리는 과자다. 좋은 의미로 1980년대 어딘가 화려하면서 약간 붕 떴던 분위기가 느껴진다. 버블 시대 일본에서 큰 주목을 받아 '이탈리아 요리' 붐의 상징이 된 것을 상기시키는 맛이다.

심플하면서 자유로운 레시피

티라미수 만드는 법은 심플하다. 우선 계란 노른자에 설탕을 넣어 잘 혼합한다. 다음에 마스카르포네 치즈를 넣어 섞는다. 그 다음 거품낸 생크림을 넣어 가볍게 섞는다. 이렇게 해서 티라미수 크림이 만들어진다.
  적당한 크기의 유리 용기에 에스프레소 커피에 적신 사보이아르디 비스킷[2]이나 스펀지 케이크를 한 겹 깔고 그 위에 티라미수 크림을 얹는다. 그 위에 또 사보이아르디나 스펀지 케이크를 한 겹 깔고 다시 티라미수 크림, 이런 식으로 몇 겹을 올린다. 그리고 마지막으로

---

1. 시칠리아 섬 서부의 마을 마르살라에서 만들어지는, 알코올 강화 와인을 말한다. 18세기 후반, 와인을 영국에 운반할 때 열화를 막기 위한 것이 시초다. 건조한 맛, 반 단맛, 단맛이 있으며 식전주, 식후주, 조리용과 그 외에도 다양한 기법으로 즐기고 있다.
2. 부드러운 스펀지 케이크풍의 비스킷.

카카오 파우더를 위에 뿌려 최소 2~3시간 냉장고에 재워두고 나서 서브한다.

티라미수에는 수많은 베리에이션이 있으며 마르살라나 럼 등의 술을 넣은 버전도 많이 있는데 술을 넣으면 확실히 어른스러운 맛이 된다.

처음에 계란 노른자와 설탕을 혼합할 때 마르살라를 추가하여 가열해서 자바이오네[3]를 만들고 그것을 차갑게 해서 마스카르포네 치즈를 넣는, 손이 많이 가는 베리에이션도 있는데 이렇게 만들면 확실히 농후한 맛이 난다. 생크림을 넣고나서 계란 흰자와 설탕으로 거품 낸 머랭을 넣어 보다 폭신한 느낌을 내는 사람도 있다. 몇 겹씩 겹치지 않고 스펀지 케이크 위에 티라미수 크림을 얹어 칵테일 글라스 같은 작은 용기에 소박하게 내는 곳도 있다.

요약해서 말하자면 새로운 요리이기 때문에 이것이 정석이라는 레시피나 전통이 없어 각자 꽤 자유롭게 해석할 수 있는 과자다.

이탈리아 각 지역의 전통을 잘 융합시킨 과자

마스카르포네는 생크림으로 만드는 크림치즈로, 롬바르디아 주가 원산지다. 생크림이나 버터를 상기시키는 매끄러운 맛에 은은한 산미가 있다. 과일을 첨가하거나 꿀을 바르면 그대로 디저트로 변신하며 카카오, 커피, 리큐르와의 궁합도 좋다.

고르곤졸라[4]와 마스카르포네를 번갈아 겹쳐놓은 치즈가 있는데, 마스카르포네의 단맛

[3] 계란 노른자에 설탕을 더해 중탕해 끓이면서 마르살라 등의 술을 넣어 만드는 소스. 그대로 먹기도 하고 디저트에 뿌려 사용하기도 한다. 오른쪽은 판나코타에 뿌린 모습이다.

[4] 롬바르디아 주와 피에몬테 주에서 만들어지는 블루치즈. 프랑스 로크포르, 영국의 스틸턴과 나란히 세계 3대 블루치즈로 불린다.

이 고르곤졸라 푸른곰팡이의 짭짤한 맛을 부드럽게 해줘 절묘한 조화가 생긴다. 이 치즈를 호두와 함께 먹으면 최고다.

설탕이나 꿀로 단맛을 더해주면 금방 디저트로 변신하는 편리한 치즈로는 리코타[5]도 유명한데, 로마 남쪽 지방에서 과자에 사용하는 치즈는 압도적으로 리코타가 많다. 그와 비교하면 북부는 마스카르포네를 사용하는 경우가 많다.

티라미수는 이탈리아 각지의 전통을 잘 믹스해서 근대적으로 어레인지한 과자다. 계란 노른자에 설탕을 섞는 것은 피에몬테 주의 자바이오네 기법이다. 사보이아르디 비스킷은 프랑스에서 가져온 것으로, 피에몬테 주에 뿌리가 있다. 마스카르포네는 롬바르디아 주의 치즈며 농후한 에스프레소 커피는 이탈리아 남부의 전통이다.

이것들을 교묘하게 블렌드한 것이 티라미수의 성공 비결이다.

티라미수의 발명자는 트레비조에 있다

오랜 역사를 자랑하면서도 기원을 알 수 없는 요리가 많은 이탈리아에서는 드물게도 티라미수는 발명한 사람이 확실하다. 바로 베네토 주의 트레비조[6]에 있는 레스토랑 〈레 베케리에[7]〉의 요리사 로베르토 린구아노토다.

1960년 전후 에밀리아 로마냐 주의 과자 주파 인글레제(사보이아르디를 아르케르메스[8]에 적셔 커스터드 크림과 초콜릿 크림을 끼운 과자)를 개량해서 근대풍으로 어레인지해서

5. 리코타 치즈. 과자 만드는 데 많이 사용되며 하얗고 부드럽다. (오른쪽 사진)
6. 베네토 주 트레비조 현. 라디키오로 유명하다. 의류 브랜드 베네통 본사가 있다.
7. 트레비조 현에 있는 오래된 레스토랑.
8. 이탈리아의 리큐르. 선명한 붉은색이 특징적이다.

'티라메수'(베네토 방언인 티라메수가 이탈리아어가 되면 티라미수가 된다.)라고 이름을 붙인 것으로, 이것이 큰 성공을 가져왔다.

〈티라미수〉는 직역하면 "나를 끌어올린다."인데, "나에게 기운을 준다."라는 의미가 된다. 이 재미있는 이름도 성공한 이유 중의 하나로, 순식간에 이탈리아 전역으로 퍼져 1970년대부터는 이탈리아 레스토랑의 단골메뉴가 되었다. 1980년대 이후에는 국경을 넘어 지금은 세계적으로 가장 유명한 이탈리아 디저트가 되었다.

북부 이탈리아가 자랑하는 과자

티라미수는 본고장 색이 없는 근대적 과자인데, 이탈리아 전체로 보면 실로 예외적인 일이다. 이탈리아 과자 대부분은 짙은 지방색을 띠고 있기 때문이다. 이탈리아 각 지방에는 내세우는 과자가 있어 그것을 먹으러 가는 것이 여행의 큰 즐거움이다.

〈피에몬테 주〉

북쪽 피에몬테 주에서는 토로네[9]가 유명하다. 토로네는 너트류를 꿀과 계란 흰자로 굳힌 누가의 일종으로, 다른 지방에서는 아몬드를 사용하는 경우가 많지만, 피에몬테 주에서는 지역 명물인 헤이즐넛을 사용한다. 바롤로, 바르바레스코[10]로 유명한 란게 지방[11]의 헤이즐넛 품종인 톤다 젠틸레는 대단히 향기가 좋고 맛있다.

9. 누가의 일종인 토로네.

10. 둘 다 네비올로 종으로 만드는 피에몬테의 고급 레드 와인.

11. 피에몬테 주 크네오 현 타나로 강 우안의 구릉지대.

알바[12] 마을에 있는 페레로[13] 사가 초콜릿과 헤이즐넛으로 만든 페스토 '누텔라'라는 브랜드는 이탈리아에서는 단골 아침 메뉴로, 전 세계에서 사랑받고 있다. 누텔라를 만드는 계절에 와인 취재를 가서 알바 마을에 숙박하면 거리 전체가 초콜릿과 헤이즐넛의 달콤한 향기에 싸여 있어 그 향에 취하게 된다. 헤이즐넛 타르트[14]도 자주 먹는데, 여기에는 모스카토 종[15]으로 만든 달콤한 모스카토 다스티가 최고로 잘 매칭된다.

〈롬바르디아 주〉

롬바르디아 주에서는 밀라노의 파네토네와 만나지 않을 수 없다. 이탈리아 전역에서 '파네토네 돌체(달콤한 빵)'라고 부르는 단맛의 발효 빵 전통이 있는데, 그중에서도 파네토네는 특히 유명하다.

파네토네는 차분히 시간을 두고 여러 번 발효시키기 때문에 푹신하면서 부드럽게 팽창한 부드러운 맛이다. 버터와 계란의 풍미를 스트레이트하게 즐길 수 있으며 건포도, 말린 과일이 화려함을 더해준다. 크리스마스 시즌의 단골메뉴인 과자로, 파네토네라고 하면 가족이나 동료와의 즐거운 모임이 생각나고 떠들썩하게 웃던 목소리나 행복했던 시간이 연상된다. 파네토네에는 항상 단맛의 스파클링 와인인 아스티[16]를 매칭한다.

같은 롬바르디아 지역 중 르네상스 시대에 화려한 궁중문화가 꽃피웠던 만토바[17]에서는 스브리솔로나라는 과자를 추천한다. 이것은 밀가루와 옥수수가루에 계란을 넣어 아몬드로 굳힌 대단히 딱딱한 과자인데, 나이프로는 잘리지 않으므로 손으로 잘라서 먹는다.

12. 피에몬테 주 남동부 크네오 현에 있는 동네. 대형 식품회사 페레로가 있다. 바롤로, 바르바레스코 방문 때 거점이 된다.

13. 알바에 본사를 둔 식품회사. 주로 초콜릿 과자를 만든다. 누텔라, 로쉐, 몽쉐리 등 인기 상품이 많다.

14. 헤이즐넛 타르트. 사진은 자바이오네를 뿌린 것. (오른쪽 사진)

15. 모스카토 비안코. 아로마틱한 청포도 품종.

16. 모스카토 비안코로 만드는 아로마틱한 스파클링 와인. 이탈리아에서 건배할 때 단골 메뉴다.

17. 롬바르디아 주 만토바 현의 현도. 곤자가 가의 화려한 르네상스 문화가 개화했다.

스브리솔로나는 아몬드 향이 물씬 나는 과자로, 한 번 먹기 시작하면 멈추기 어렵다.

칼로리 따위 신경 쓰지 않는다면 자바이오네와의 궁합도 뛰어나서 당분간 과자를 보고 싶지 않아질 정도로 농후한 만족감을 얻을 수 있을 것이다. 여기에는 그늘에서 건조한 포도로 만드는 단맛의 와인, 레치오토 디 소아베[18]가 훌륭하게 매칭된다.

〈트렌티노 알토 아디제 주/ 에밀리아 로마냐 주〉

오스트리아와의 국경에 있는 트렌티노 알토 아디제 주에는 사과 스트루델[19]이 있다. 이것은 아주 얇은 생지에 사과, 건포도, 잣을 말아서 시나몬 향을 넣어 구운 것으로, 본고장 산의 레네타 종 사과를 사용한 것을 최고로 치고 있다.

여기에는 본고장 모스카토 로자[20]의 와인이나 아로마틱한 게부르츠트라미네르[21]의 늦게 수확해서 단맛이 나는 달콤한 와인이 잘 맞는다.

앞에서 이야기했지만, 티라미수의 기본이 된 과자인 에밀리아 로마냐 주의 주파 인글레제는 아무래도 에밀리아 로마냐답게 농후한 맛의 과자다.

〈토스카나 주〉

토스카나 주에서는 아몬드가 들어간 딱딱한 쿠키인 칸투치[22](또는 칸투치니)가 유명하다. 이것은 플라토[23]의 명물로, 빈 산토[24]와 궁합이 잘 맞는다.

시에나의 명물인 판포르테는 중세부터 유명한 과자로, 꿀, 말린 과일, 견과류, 밀가루에

18. 베네토 주의 화이트 와인, 소아베 포도를 그늘에 말려 만든 단맛의 와인.
19. 독일어로 읽으면 슈트르델. 중동에 기원이 있는 오스트리아 과자.
20. 재배가 어려워 생산량이 적은 포도 품종. 핑크색의 모스카토로 장미 향이 있다.
21. 화이트 와인 포도.
22. 칸투치.(오른쪽 사진)
23. 토스기나 주 프라토 현의 현도로, 섬유업으로 융성했던 마을이다.
24. 포도를 그늘에 말려 만드는 토스카나의 전통적인 단맛 와인. 작은 통에서 몇 년씩 산화 숙성시키는 것이 특징이다.

호두, 클로브[25], 육두구, 시나몬, 카카오, 코리앤더 등의 향신료를 넣어 오븐에 구운 것이다.

아몬드가 들어간 버전도 인기 있다. 말린 과일과 다양한 스파이스가 빚어내는 이국적인 맛은 동양적이며 십자군 시대로 마음이 달려가게 한다. 여기에는 숙성 연수가 긴 빈 산토가 잘 매칭될 것이다.

농부가 먹는 가난한 과자지만, 가을에 토스카나에 가면 반드시 먹고 싶어지는 것이 카스타냐치오다. 이것도 16세기 문헌에 언급된 역사가 있는 과자로, 밤 가루로 만든 생지에 건포도를 넣고 잣, 로즈메리를 올리고 올리브 오일을 약간 뿌려 오븐에서 구운 심플한 것이다. 설탕이 들어간 버전과 설탕을 넣지 않고 밤 본래의 단맛을 맛보는 버전이 있다.

이탈리아는 밤나무가 많은 곳으로, 아펜니노 산맥[26] 연안 지역에서는 밤 가루로 만든 빵, 밤 가루로 만든 파스타 등이 밀가루를 먹지 못하는 가난한 농민의 주식이었다. 와인을 숙성시키는 나무통도 밤나무를 사용한 것이 대부분이며 오크 통[27]이 대대적으로 도입된 것은 제2차 세계대전 이후다.

---

[25] 정향이라고도 한다. 향신료로 커피나 햄에도 사용된다.
[26] 이탈리아 반도의 한가운데를 세로로 가로지르는 산맥. 길이는 약 1,200km. 이 산맥에 따라 이탈리아 동측과 서측의 기후가 완전히 달라진다.
[27] 와인 숙성에 사용되는 오크 재질로 된 통.

남부 이탈리아가 자랑하는 과자

〈라치오 주〉

로마 남쪽은 리코타를 사용한 과자가 압도적인 존재감을 보이고 있지만, 그 선두 주자는 로마에 있는 라치오 주의 리코타 타르트다. 타르트 생지 위에 리코타를 올려 레몬 향을 가미하여 굽기만 한 심플한 과자지만, 리코타의 단맛이 향기롭고 로마 요리에서는 드물게 고급스러운 맛이다. 여기에는 유명한 프라스카티[28]의 칸넬리노라는 약간 단맛이 나는 와인이 좋을 것이다.

〈캄파니아 주〉

나폴리를 수도로 하는 부르봉 왕가의 양시칠리아 왕국[29]은 과자의 왕국이기도 했다. 여기서는 리코타, 말린 과일, 아몬드, 페스토가 주역을 맡고 있다.

나폴리 과자의 상징은 파스티에라 나폴레타나다. 리코타 치즈, 물이나 우유에 적신 경질 밀가루, 체드로[30], 오렌지 껍질을 타르트 생지로 싼 호화스러운 과자로, 원래는 부활절에 먹는 과자였지만 지금은 1년 내내 먹고 있다.

나폴리에서는 스포리아텔라도 유명하다. 이것은 파이 생지를 여러 장 겹친 조개 모양을 한 과자로, 안에는 리코타, 세몰리나 가루, 계란, 설탕으로 만든 크림에 아말피 해안[31]의 드라이푸르츠를 섞은 것이 들어 있고 바닐라와 시나몬 향이 들어간다. 나폴리의 단골 아

---

28. 로마 교외에 있는 와인 산지. 화이트 와인이 유명하다.
29. 19세기, 나폴레옹 진젱 후에 니폴리왕국과 시칠리아 왕국이 합병되어 만들어진 왕국.
30. 체드로. 시트론이라고도 한다. 녹색의 레몬과 비슷한 감귤류다.
31. 캄파니아 주 소렌토 현, 살레르노 현의 해안. 바위 절벽과 짙푸른 바다의 콘트라스트가 볼만한 곳으로 세계에서 가장 아름다운 해안이라고 찬양받고 있다. 유네스코 세계유산에 등록되어 있다.

침 식사 메뉴이기도 하다.

시칠리아 취재를 마치고 모라로 돌아갈 때는 보통 야간행 페리를 타는데, 아침에 나폴리 항구에 도착하면 가까운 곳에 있는 바에 들려서 스포리아텔라를 먹으면서 향기 좋은 에스프레소를 마시는 것이 무엇보다 큰 즐거움이다.

나폴리에서 또 하나 잊을 수 없는 것은 바바다. 바바는 나폴리에서 만든 것이 아니라 프랑스에서 전해진 과자인데, 나폴리 토박이의 마음을 사로잡아 깊은 사랑을 받고 있다. 나폴리에서는 좋은 사람을 "바바 같은 사람이다."라고 하며 훌륭한 것을 "바바 같다."라고 칭찬할 정도다.

바바는 브리오슈 닮은 생지를 럼주에 담근 과자로, 생크림을 첨가하기도 한다. 대단히 심플한 과자인데, 럼에 적신 생지가 무너지지 않도록 굽는 것이 의외로 어렵다.

〈시칠리아 주〉

시칠리아에서는 치알다라고 불리는, 봉투 모양으로 구워 튀긴 생지에 설탕을 섞은 리코타로 속을 채워 드라이푸르츠와 초콜릿을 올린 칸놀로[32]가 유명하다.

또 하나 시칠리아에서 유명한 것은 카사타다. 만드는 법은 우선 마라스키노[33] 등의 리큐르와 설탕을 넣은 리코타를 크리미하게 될 때까지 잘 휘저어 드라이푸르츠나 초콜릿을 혼합한다. 이 농후한 크림을 리큐르에 적신 스펀지 생지 위에 올리고 그 위에 피스타치오 페스토를 바른다. 녹색의 피스타치오 페스토로 전체를 덮고 나면 드라이푸르츠로 장식하

32. 칸놀로.

33. 마라스카종 버찌를 원료로 하는 리큐르.

고 아몬드 페스토 등을 사용해서 색색으로 장식한다.

부활절에 먹었던 과자지만, 지금은 일년 내내 먹으며 생일이나 축일 등의 식사를 마무리하는 데 빠지지 않는다. 시칠리아라면 상상력이 넘치는 화려한 데코레이션[34]도 카사타의 즐거움 중의 하나다. 시칠리아를 지배하고 있던 아랍인의 전통을 잇는 카사타는 믿을 수 없을 만큼 단 과자로, 그 단맛은 유럽의 평균을 완전히 넘는다.

로마의 리코타 타르트도 나폴리의 파스티엘라도 시칠리아의 칸놀로도 리코타의 품질이 과자 맛의 전부로, 아무리 고급스러운 레스토랑에서 먹더라도 현지에서 먹는 정도의 만족감을 얻을 수 없다. 나폴리 남쪽의 과자에는 도처에서 버터 대신 돼지기름이 사용되며 그것이 '남부풍' 악센트를 만든다.

이탈리아 남성은 디저트를 좋아한다?

지금처럼 정보와 교통이 발달해도 의외로 현지에서만 즐기는 맛이 꽤 많이 존재한다. 여기에 열거한 것 이외에도 매력적인 과자가 이탈리아 각 주에 다수 존재하고 있어 전부 소개한다면 책 한 권으로도 모자랄 정도다.

종합하자면 이탈리아 전통 과자에는 설탕이 아니라 꿀, 드라이프루츠, 모스토 코토(포도 과즙을 쩌서 졸인 단맛이 짙은 주스)를 사용하는 경우가 많은데, 이는 이탈리아는 식민지가 거의 없었기 때문에 값싼 설탕을 손에 넣지 못했던 것이 원인이다.

[34]. 시칠리아의 과사, 카시디. 인쪽 사진 같이 남부 이탈리아다운 화려한 데코레이션을 응축시킨 것이다.

그 시대의 한계인지 어떤지 알 수 없지만, 이탈리아인은 단 것이라고 하면 눈빛이 변하는 것 같다. 자주 있는 뷔페식 파티를 가면 과자를 늘어놓은 카운터의 열은 다른 열보다 '비집고 들어가는 경쟁'이 심하다는 느낌이 든다.

그럴 때는 왠지 여성보다도 남성이 살기 등등해 있어 '전투 의욕'이 강해 보이는데, 이탈리아에서는 남성 쪽이 단 것을 더 좋아할지도 모르겠다.

'신세대'의 이탈리아 요리, 티라미수 탄생의 배경

1861년에 이탈리아 국왕이 탄생할 때까지 이탈리아는 소국가로 나뉘어 다투던 상태였다. 당연히 이탈리아 요리라고 하는 것은 존재하지 않았다. 각 지방에 향토요리가 몇 개씩 있을 뿐이었다.

그 영향은 지금도 뿌리 깊게 남아 있어 요리 대부분이 어느 지방 것인지 명확하게 알 수 있다. 지금도 일상생활에서는 대부분 본고장 요리를 먹는다.

그러나 느리기는 하지만, 향토요리의 이탈리아 요리화는 진전되고 있다. 시작은 이탈리아 통일이었고 이로 말미암아 남부 요리인 파스타, 피자, 토마토소스가 북부 이탈리아로 퍼져 뿌리를 내리게 되었다.

그다음 중요한 것은 국내 이민이다. 지금도 그렇지만, 이탈리아는 남북 격차가 심해서 남부는 가난하고 실업률이 극단적으로 높다. 그 때문에 북부 공업화가 진전됨에 따라 많은 사람이 일자리를 구하러 남에서 북으로 이동했다. 밀라노, 토리노, 제노바 등 대도시에는 시칠리아인, 카라브리아인, 캄파니아인이 많이 이주해서 살고 있다. 이에 함께 이탈리아 요리의 남부화가 점점 진행되었다.

마지막을 마무리한 것은 텔레비전이었다. 1950년대부터 본격화된 텔레비전 방송은 이탈리아 국가의 문화적 균일화에 크게 공헌하였다. 그때까지는 마을 주변밖에 알지 못했던 이탈리아인이 텔레비전 덕분에 다른 지역을 알게 된 것이다.

이것은 식생활에 관해서도 마찬가지였다. 다른 주의 요리가 단번에 거실로 들어와 버린 것이다. 그중에는 관심을 끄는 요리도 있었을 것이고, 흥미를 끌지 않는 것도 있었을 것이다. 그래도 사람들은 그런 요리가 있다는 것을 알게 되었다.

그리고 각 주의 요리에서 힌트를 얻은, 명확한 지역색을 가지지 않는 '이탈리아 요리'가 서서히 탄생하고 있었다. 그 중의 하나가 티라미수인 것이다. 티라미수가 베네토 주에서 탄생한 것은 사실이지만, 다른 주에서 탄생했어도 전혀 이상하지 않았다. 베네토에서 나올 필연성은 없었던 것이다.

이 책에서 열거한 열 가지 요리 중 티라미수만이 명확한 '지방색'을 가지지 않은 요리다. 그런 의미에서는 이탈리아 통일 후 100년이 지나 마침내 생겨난 '이탈리아 요리' 중의 하나라고 말할 수 있다.

1990년대 이후 단숨에 퍼진 생선 카르파치오도 마찬가지로 '이탈리아 요리'의 좋은 예다. 레몬을 사용한 마리네, 올리브 오일의 사용, 지중해 허브를 사용한 악센트 등 종래의 전통적 기법을 사용하지만, 전혀 새로운 요리다. 그렇지만, 그것을 먹게되면 본질적으로는 '이탈리아 요리' 라고 느껴지는 무언가가 있다.

요리를 즐기는 것은 문화나 역사를 만드는 것

느리기는 하지만, 요리는 꾸준히 변화해 간다. 이탈리아는 먹는 것에 관해서는 대단히 보수적이지만, 그래도 변화에서 벗어날 수 없다. 그리고 새로운 요리가 탄생한다.

그렇지만 티라미수나 생선 카르파치오 같은 새로운 요리라도 그 배경을 읽고 이해하면 반드시 무언가 뿌리가 있음을 알 수 있다.

티라미수는 에밀리아 로마냐 주의 주파 인글레제에 베네토 주의 요리사가 손을 더해 피에몬테 주, 롬바르디아 주의 소재와 조리법을 이용해서 미묘하게 짜집기한 요리다.

생선 카르파치오는 이탈리아 남부의 레몬을 사용한 마리네 기법을 좀 더 폭넓은 종류의 생선에 확대 적용해서 거기에 올리브 오일을 두른다는, 누오바 쿠치나[35] (이탈리아의 누벨 퀴진)의 소재 중시의 심플한 조리법을 적용한 것이다.

인간의 오랜 역사에서는 새로운 것도 항상 전통의 요람 속에서 생겨날 수밖에 없다. 천재적인 발명이 돌연 하늘에서 떨어져 내리는 일은 있을 수 없기 때문이다.

요리도 마찬가지로, 어떤 요리라도 그 저변을 살펴보면 오랜 역사가 겹쳐지면서 만들어졌고 귀를 기울이면 복잡했던 역사의 우여곡절을 이야기해준다. 국가가 분열되어 있던 이

---

[35] 과르티엘로 마르케지가 1970년대 말에 밀라노의 레스토랑에서 시작하였다고 한다. 소재를 중시한 가벼운 근대적 요리다.

탈리아에서는 서민이 빈곤으로 괴로워하고 있었다. 그래서 만들어진 요리에는 가난한 삶 속에서 한정된 식재료를 최대한 이용하고 다소나마 일상생활에 다채로움을 부여하도록 연구를 거듭해온, 이름도 없는 사람들의 지혜가 들어 있다.

이탈리아 요리를 즐긴다는 것은 요리를 통해 그들이 쌓아올린 문화, 역사를 경험하는 것이며 그들의 즐거움과 슬픔을 생생하게 느끼는 것이기도 하다.

이탈리아 와인을 즐기는 법

남북으로 길게 뻗은 이탈리아에서는 북쪽은 냉랭한 알프스의 바위에서 남쪽은 아프리카의 튀니지 남쪽에 위치한 판텔레리아 섬까지 20개 주 모두 왕성하게 와인을 만들고 있다. 토지에 따라, 기후, 토양, 지형, 본고장 요리, 주민의 기질 등이 크게 달라지기 때문에 당연히 만들어지는 와인도 완전히 달라진다. 이탈리아 와인의 매력은 바로 그 다양성일 것이다. 토지마다 그곳의 특징을 반영하는 내세울 만한 와인이 있고, 주민은 그것이 세계 제일이라고 믿고 소중하게 키우고 있다.

이탈리아 와인을 즐기는 가장 좋은 방법은 차이를 즐기는 것이다. 어떤 와인이 좋은지 나쁜지 고정관념을 갖지 않고, 와인에 우열을 따지지 않고, 토지 각각의 개성을 즐기는 것이 가장 중요하다. 즉 재배하는 사람보다는 애정하는 사람이 중요한 것이다. 북쪽 끝에 있는 알토 아디제 지방의 프레시하고 청열한 화이트 와인, 피에몬테의 엄격하고 깊이가 있는 레드 와인, 복잡하고 음영이 풍부한 프리울리의 화이트 와인, 토스카나의 섬세한 레드 와인, 시칠리아의 농후한 단맛의 와인 등 각각 버릴 수 없는 매력이 넘치고 있다.

　흔히 소홀하게 다루고 있는 타입의 와인 중에 보석이 숨겨져 있는 것도 이탈리아 와인의 매력이다. 소아페, 키안티, 프로세코, 람브루스코, 아스티 등 너무나 유명해서 진부함마저 느껴지는 와인에도 반짝하고 빛나는 개성을 가진 와인이 많고 가격도 대단히 싸다. 생각해보면 이들 와인이 세계적으로 유명하게 된 것은 역시 산지로서 위대한 잠재력이 있기 때문일 것이다. 그것이 설령 충분히 이해되지 않았던, 또는 잘못 이해되었던 시대가 있었다고는 해도….

　이탈리아 와인의 매력에 대해 생각하면 가네코 미스코의 유명한 시 〈나와 작은 새와 방울과〉의 1절 "모두 달라서, 모두 좋아."라는 시구가 떠오른다. 각각의 와인이 다른 와인을 흉내 내는 것이 아니라 자기만 할 수 있는 것에 자부심을 갖고 그것을 열심히 표현하려고 한다. 명확한 개성과 존재 이유를 가진 많은 별이 빛나고 있는 것이 이탈리아 와인이다.

　이탈리아 와인을 즐기려면 선입견을 버리고 실패를 두려워하지 않고, 여러 가지 시험해 보는 것이 우선일 것이다. 실수를 했더라도 그것은 인생을 풍부하게 하는 과정이라고 생각하고 긍정적으로 길을 가고 싶다. 매뉴얼에 속박되지 않고 각자의 개성, 매력을 즐길 수 있는 사람에게 이탈리아 와인은 그 매력을 개화시키고 미소 지어줄 것이다. 스머프가 노래 불렀던 것처럼 이름도 알지 못해도 좋으니까 그 날의 나에게 미소를 준 "세계에서 하나뿐인 꽃 = 와인"을 발견하는 것이 소중하다.

맺음말

이 책 이야기가 처음 나왔을 때 "과연, 그런 식으로 고찰해볼 수도 있겠군."하고 흥미가 생겼다. 이탈리아 요리를 대표하는 열 가지를 통해 볼 수 있는 이탈리아 요리의 본질, 그것을 키워온 이탈리아인의 특징 등을 고찰해보는 것은 대단히 즐거운 일이라고 생각되었다. 집필이나 가이드북 일을 통해 일상적으로 이탈리아 요리를 접할 기회가 많고 거기에 대해 고찰하거나 논의하는 일은 자주 있지만, 하나의 요리의 배후에 어느 만큼의 스토리가 있는가라는 시점에서 생각한 일은 없었기 때문이다.

실제 집필에 착수해보니 그것은 상상하던 이상으로 즐거운 작업이었다. 지금까지 무의식적으로, 또는 막연하게 이탈리아나 이탈리아인에 대해서 가지고 있던 이미지나 생각이 점점 구체적인 모습을 가지고 눈 앞에 나타났다. 그리고 그것은 너무나 매력적인 모습이었다.

나는 1년의 3분의 1은 이탈리아에서 일을 하고 있다. 아시다시피 이탈리아는 결코 쉬운 나라가 아니다. 실무 면에서는 적당주의고, 일을 잘못하는 경우도 많은데 이상하게 옹고집이 있어 좀처럼 인정하려하지 않는다. 시간도 잘 지키지 않고 일이 매끄럽고 순조롭게 진행되는 나라는 아니다. 굳이 말하자면, 조바심이 나거나 못해먹겠다는 기분이 되는 쪽이 많다.

그래서 사람들과 이야기할 때도 이탈리아를 칭찬하기보다도 험담을 늘어놓는 쪽이 많은 것 같다. 그래도 계속 이탈리아에서 일해온 것은 역시 이 나라를 좋아하기 때문일 것이다. 그것을 이번에 잘 알게 되었다.

사람도 나라도 결점과 장점을 동시에 가지고 있으며 표리일체다. 이탈리아에서 싫다고, 피하고 싶다고 생각했던 것은 실은 가장 좋아하는 부분과 밀접하게 연결되어 있는 것이다. 결국은 사람도 나라도 있는 그대로 받아들이는 것이 중요한 것 같다.

나는 있는 그대로의 이탈리아를 쓰려고 했다. 독자 여러분이 적어도 이탈리아라는 복잡한 나라에 관심을 가지게 되었다면 다행이다.

마지막으로, 원고가 늦는 나를 놀라울 만한 인내심으로 기다려주신 편집자 이토 유키 씨, 따뜻하게 보살펴주셨던 니혼게이자이신문출판사의 호리카와미도리 씨에게 마음으로부터 감사를 전한다. 두 분의 너그러운 지도 없이는 이 책은 절대로 실현되지 못했을 것이다. 그리고, 항상 나에게 깊은 이해를 가지고 계속 지지해주는 가족에게 감사를 올린다.

2013년 5월 미야지마 이사오

지은이 소개

미야지마 이사오(宮嶋 勳)

1959년에 교토에서 태어나 도쿄대학교 경제학부를 졸업했다.

1983년에서 89년까지 로마의 신문사에서 근무하였으며, 현재 이탈리아와 일본에서 와인과 음식에 대해 집필활동을 하고 있다.

이탈리아에서는 2004년부터 에스프레소 이탈리아 와인 가이드의 시음 스태프, 2006년부터 감베로 로소 레스토랑 가이드의 집필 스태프로 일하고 있으며 1년에 3분의 1을 이탈리아에서 보내고 있다.

일본에서는 와인 전문지를 중심으로 집필하는 동시에 와인세미나 강사로 강연을 진행하고 있다.

감수서에 〈이탈리아 와인〉(와인왕국 간행) 등이 있으며 BS후지의 TV프로그램 〈이탈리아 극상와인 기행〉의 기획, 감독, 출연을 맡았다.

2013년에 이탈리아의 그란디 크루 디탈리아 Grandi Cru d'Italia 최우수외국인 저널리스트상을 수상하였다.

옮긴이 소개

김은조

여행과 미식을 좋아하는 편집자. 서울에서 태어나 서울에서 성장하였다.
　서울대학교 심리학과를 졸업하고 홍익대학교 산업미술대학원에서 광고디자인으로 석사 학위를 받았다.
　1999년부터 2004년까지 여행잡지 〈트래블+레저〉 한국판 편집장을 역임하였으며 2005년부터 현재까지 레스토랑 가이드 〈블루리본 서베이〉 편집장을 맡고 있다.

저서
〈서울에서 할 수 있는 867가지(BR미디어, 2013)〉 〈디저트 인 서울(BR미디어, 2014)〉

번역서
〈디지털 이미지론, *The Reconfigured Eye* (1997)〉 〈세기의 쉐프, 세기의 레스토랑, *Don't Try This at Home* (2008)〉 〈내가 요리에 처음 눈뜬 순간, *How I Learn to Cook* (2009)〉 〈파인 다이닝의 모든 것(공역), *The Mere Mortal's Guide to Fine Dining* (2009)〉

이탈리아를 이해하는 열 가지 요리

2015년 7월 9일 초판 1쇄 인쇄
2015년 7월 15일 초판 1쇄 발행

발행인 여민종
지은이 미야지마 이사오
번역 김은조

등록번호 제16-3717호
등록일 2005년 9월 16일

발행처

비알미디어주식회사
137-902 서울 서초구 잠원동 12-5 우일빌딩 9층

문의 전화 02 512 2146
팩스 02 565 9652
e-mail webmaster@blueR.co.kr
website http://www.blueR.co.kr

정가 13,000원

ISBN 978-89-93508-29-1 03590